EPSTEIN
e l'ascesa della nuova classe dirigente americana

Marco Ambrogi

Copyright © 2021 Marco Ambrogi

Tutti i diritti riservati.

Codice ISBN: 9798546744373

Independently published

Ai miei figli, Alice e Fabrizio

INDICE

1 **PROLOGO**   2

2 **IL DROPOUT TALENTUOSO**   7
Gli anni '70 e il mutamento dei costumi

3 **IL GENIO DELLA FINANZA**   11
La fine del miracolo economico postbellico

     3.1 Le tasse sono cose da poveri   11

     3.2 L'ingegneria e l'idraulica della finanza   17

4 **L'AGENTE SEGRETO**   21
L'affermazione del neoliberismo

     4.1 L'alba dei neoconservatori   21

     4.2 Armi, petrolio e cocaina   28

     4.3 Lo schema Ponzi   37

5 **IL RICCO SCAPOLO**   42
Il trionfo della finanza

     5.1 Angeli e demoni   42

     5.2 L'ordine nuovo   52

     5.3 Tre fidanzate   59

6 **L'AMICO DI PRINCIPI E PRESIDENTI** 71
La globalizzazione

6.1 I baby boomers prendono il potere 71

6.2 Una vita da pascià 80

6.3 Un'erronea valutazione 84

6.4 Tutti sul Lolita Express! 87

6.5 L'inizio della fine 96

7 **IL GESTORE DI HEDGE FUND** 100
L'avvento della finanza predatoria

7.1 Un'indagine anomala 100

7.2 Lo Stato in soccorso dei neoliberisti 105

7.3 Storia di Apollo e Athene 109

8 **LO SCIENZIATO** 123
L'irruzione del politically correct

8.1 A fianco dei premi Nobel 123

8.2 Libertà e repressione 132

9 **IL MONDO DOPO EPSTEIN** 140
Il declino del neoliberismo?

Bibliografia e sitografia 149

1. PROLOGO

Il 6 luglio 2019 Jeffrey Epstein, subito dopo essere atterrato all'aeroporto di Teterboro (New Jersey – USA) con il suo jet privato proveniente da Parigi, venne arrestato con l'accusa di traffico e abusi sessuali su minorenni. La notizia destò scalpore in quanto Epstein, nonostante fosse poco noto al grande pubblico, era al centro di una rete di relazioni che comprendeva una parte significativa del Gotha internazionale della politica, della finanza, dello spettacolo e del mondo accademico. Molti si chiesero se questa sarebbe stata l'occasione per fare luce sui tanti misteri di quest'uomo ricchissimo che si accompagnava con molti potenti della terra. Più d'uno di questi probabilmente non dormiva sonni tranquilli.

Epstein fu subito trasferito nel Metropolitan Correctional Center, un carcere di massima sicurezza che in passato aveva ospitato criminali del calibro del narcotrafficante Joaquìn "El Chapo" Guzmàn e del finanziere truffatore Bernie Madoff. La cella in cui fu rinchiuso, in compagnia di un altro detenuto, misurava poco più di cinque metri quadri e la mobilia si esauriva in un letto a castello, un piccolo tavolino e un gabinetto alla turca. Sicuramente un carcere non degno di un paese civile e infatti due anni dopo sarà chiuso.

E' immaginabile lo stato d'animo che deve aver provato un individuo abituato ai lussi e agli agi riservati a una ristretta élite dopo essere stato scaraventato in quella topaia infestata dagli scarafaggi. Ma il peggio doveva ancora venire. Il 12 luglio i suoi avvocati presentarono un'istanza di scarcerazione su cauzione, dichiarando che il proprio assistito era disponibile a versare a tal fine larga parte del suo patrimonio, ammontante a poco meno di 600 milioni di dollari e che nell'occasione fu dettagliato.

Secondo quanto dichiarato, Epstein possedeva all'epoca due isole, Little St. James, che era anche la sua residenza fiscale, e Great St. James, entrambe appartenenti all'arcipelago delle Isole Vergini, un'imponente "magione" di nove piani a New York, considerata fra le più prestigiose della città, un appartamento nella lussuosa Avenue Foch di Parigi, una villa a Palm Beach e un grande ranch di 400 ettari nel New Mexico. Possedeva inoltre due aerei, un Gulfstream in grado di effettuare voli intercontinentali e un Boeing 727 per le medie distanze, due elicotteri e un imponente parco di veicoli composto da Mercedes, Chevrolet, Cadillac, Bentley e Harley-Davidson. A questo si aggiungevano circa 50 milioni cash e consistenti investimenti mobiliari. E' presumibile che ulteriori beni fossero celati all'interno di trust.

Nel presentare l'istanza di scarcerazione, gli avvocati sottolinearono che, come vedremo in dettaglio più avanti, Epstein aveva già subito poco più di dieci anni prima un procedimento giudiziario per gli stessi reati nel distretto di Palm Beach, il quale, oltre a concludersi con una condanna particolarmente clemente, prevedeva che non potesse essere nuovamente processato per gli stessi fatti. Inoltre, a dimostrazione che non vi era un pericolo di reiterazione dei reati ascritti, gli avvocati argomentarono che essi si riferivano a episodi antecedenti il 2005 e che dopo quella condanna si era sempre comportato "correttamente", a dimostrazione dell'efficacia "riabilitativa" della stessa.

Circa il primo punto, i giudici ribatterono che il "non-prosecution agreement" riguardava solo i reati commessi nel distretto di Florida e non aveva effetto su quelli di New York, mentre si mostrarono scettici sull'avvenuta riabilitazione di Epstein. Si dettero comunque alcuni giorni per decidere sull'istanza. In questo intervallo di tempo successe un fatto inaspettato: il 16 luglio una ragazza presentò una denuncia con cui sosteneva di essere stata aggredita sessualmente da Epstein nel 2008, quando questi usufruiva dei permessi fuori dalla prigione. Fu il colpo finale che mise fine alle già modeste speranze che Epstein coltivava di essere scarcerato e, infatti, il giorno dopo l'istanza fu rigettata.

Epstein con ogni probabilità cadde in prostrazione, come dimostra l'unica sua foto ripresa dopo l'incarcerazione che lo mostra debilitato e invecchiato di dieci anni. Alla decisione dei giudici si aggiungeva la presa di distanza generale da parte di tutti coloro che si erano accompagnati a lui nei quattro decenni precedenti. Tutti dichiararono di essere all'oscuro dei misfatti che gli venivano attribuiti, aggiungendo di provare orrore e sconcerto per gli stessi.

Egli comprese così che non poteva più fare affidamento sulla cerchia di amicizie potenti che gli avevano consentito dieci anni prima di cavarsela quasi indenne da un procedimento penale per gli stessi reati. In questo breve lasso temporale molte cose erano cambiate: sicuramente la società aveva maturato una maggiore severità nei confronti degli abusi sessuali, soprattutto nei confronti dei minorenni, e questa tolleranza zero si estendeva a chi aveva avuto rapporti con l'autore del crimine, indipendentemente dal fatto che ne fosse complice. La necessità di smarcarsi e non essere coinvolti con la sua vicenda doveva spiegare poi come fosse stato possibile che egli non avesse avuto sentore che era stata avviata un'indagine a suo carico e stava per essere arrestato. Con ogni probabilità, si rese conto di essere stato scaricato.

Ad aggravare il suo stato di depressione si aggiungeva la convinzione di essere ingiustamente detenuto, in quanto, a suo modo di vedere, avere rapporti sessuali con minorenni non costituiva un crimine. E' quanto lui stesso aveva dichiarato appena un anno prima al giornalista del New York Times James B. Stewart. Questi aveva chiesto un incontro per avere ragguagli su una "voce" secondo cui Elon Musk (il fondatore di Tesla) aveva chiesto l'aiuto di Epstein dopo aver dichiarato improvvidamente con un tweet la decisone, in seguito ritirata, di cancellare dal listino di Borsa il titolo Tesla. La SEC aveva conseguentemente avviato un'indagine per turbativa di mercato e Musk riteneva evidentemente che l'aiuto di Epstein potesse tornargli utile.

Secondo quanto Stewart riferì nel suo successivo articolo, Epstein, che egli giudicò "indubbiamente carismatico", confermò il contatto con "uno stretto collaboratore" di Musk, aggiungendo di essersi conseguentemente attivato per sollecitare un finanziamento a Tesla da parte del principe ereditario dell'Arabia Saudita Mohammed Bin Salman, allo scopo di supportare il *delisting* della società. L'iniziativa non avrebbe poi avuto seguito, dopo che la notizia del suo coinvolgimento era diventata pubblica, con Musk che si apprestò a negarla con imbarazzo.

Epstein dichiarò a Stewart di essere consapevole che la precedente condanna lo aveva reso un paria, tuttavia manteneva la convinzione che "criminalizzare il sesso con minorenni fosse un'aberrazione culturale e che vi erano stati molti periodi storici in cui era stato ritenuto perfettamente accettabile". Egli sottolineò inoltre che "l'omosessualità è stata per lungo tempo considerata un crimine ed è ancora punita con la pena di morte in alcuni paesi".

Proprio così, i costumi e i dettami morali che li accompagnano mutano nel tempo e probabilmente Epstein nella sua cella avrà riflettuto sul fatto che essi erano ben diversi cinquanta anni prima, quando egli iniziò la sua inarrestabile scalata al potere.

2. IL DROPOUT TALENTUOSO
Gli anni '70 e il mutamento dei costumi

Io non riuscivo a realizzare quanti sensi unici
e quanti divieti di svolta ci fossero in città.
Alla fine, sono uscito e ho camminato
(Jeffrey Epstein)

Jeffrey Epstein nacque nel 1953 nel quartiere di Brooklyn in New York da una modestissima famiglia di origine ebraica. Si diplomò con ben due anni di anticipo e nel contempo studiò il piano rivelandosi un musicista di talento. Successivamente si iscrisse in successione a due diverse università dove studiò matematica e fisica, senza però mai conseguire la laurea.

Nel 1974, in quella che si rivelò poi la svolta della sua vita, venne assunto come insegnante di matematica e fisica presso la prestigiosa ed esclusiva Dalton School, frequentata dai figli delle più facoltose famiglie di New York. Studiavano in quella scuola, ad es., i figli di Saul Bellow, Bob Fosse, Neil Simon, Robert Redford, Elia Kazan, Rupert Murdoch, dei Rockfeller, di Woody Allen. Quest'ultimo girerà più tardi davanti la scuola una scena del film "Manhattan" in cui lui cerca di insidiare una diciassettenne interpretata da Mariel Hemingway.

Preside della scuola era Donald Barr, padre di William che sarebbe poi diventato ministro della giustizia prima con Bush e poi con Trump al tempo in cui Epstein fu arrestato. Durante la seconda guerra mondiale Barr aveva lavorato nell'Office of Stategic Services (OSS), un'agenzia di intelligence poi sostituita dalla CIA, nella quale suo figlio avrebbe a sua volta successivamente lavorato.

Perché Donald Barr abbia deciso di assumere questo giovane che non aveva i requisiti per insegnare resta un mistero. Anche lui era nato in una famiglia ebrea, ma, caso abbastanza raro, decise in età adulta di convertirsi al cattolicesimo, aderendo alla fede della moglie. Era solito anzi dichiararsi più cattolico dei cattolici, ma, stranamente, quando era preside della scuola amava professarsi ateo.

Barr divenne preside di Dalton sul finire degli anni '60, caratterizzati da un forte mutamento dei costumi, dalla contestazione alla guerra in Vietnam e dalle lotte per i diritti della popolazione nera. Il boom economico del dopoguerra, la diffusione del benessere economico e la progressiva urbanizzazione della popolazione avevano profondamente cambiato la società, emancipandola dalle convenzioni e dai dettami morali propri di un mondo prevalentemente agricolo. Ne seguì una vera e propria rivoluzione culturale che si protrasse per tutti gli anni '70 e che si caratterizzò per un significativo rilassamento dei costumi, in primis nel sistema delle relazioni sessuali.

Di spirito fortemente conservatore, Barr si oppose strenuamente al vento libertario che stava contaminando anche gli studenti di Dalton e questo creò un clima di forte tensione nella scuola. Fra gli episodi che si ricordano vi è l'espulsione di due studenti che avevano intrecciato una relazione omosessuale, il diniego alle studentesse di indossare pantaloni attillati, tacciati come "gratificazione dell'ego masturbatorio", ma anche il rifiuto di consentire agli stessi studenti maschi di indossare i blue jeans, definiti "capi che usa la classe lavoratrice e noi siamo élite". Inoltre, Barr discriminò pesantemente gli studenti che avevano aderito alle manifestazioni dell'epoca.

Questi atteggiamenti ormai anacronistici misero in crescente opposizione Barr con le potenti famiglie degli studenti che riuscirono alla fine a ottenere un'indagine sul suo operato da parte della direzione della scuola che si concluse con la revoca dell'incarico nel 1974, pochi mesi dopo l'assunzione di Epstein.

Appena un anno prima, nel 1973, Barr aveva pubblicato una singolare novella di fantascienza, "Space relations", in cui si narra degli imperatori di una galassia remota dediti a violenze sessuali e pratiche sadiche nei confronti di una colonia di schiavi e schiave adolescenti. Questo modesto libro di serie B, in cui evidentemente l'autore sfogava la sua rigidità morale, ha conosciuto una rinnovata notorietà nel 2019, dopo l'arresto di Epstein, ed è oggi praticamente introvabile.

A Barr succedette Gardner Dunnan, le cui posizioni sicuramente meno conservatrici contribuirono ad allentare le tensioni all'interno della scuola. Per uno strano gioco del destino, egli resterà tuttavia vittima della nuova trasformazione dei costumi che avrà luogo all'inizio del nuovo secolo, quando una donna nel 2018 lo denuncerà per presunte molestie sessuali occorse trentadue anni prima, nel 1986.

Epstein si giovò sicuramente del clima più liberale introdotto da Dunnan. Poco più anziano degli studenti di cui era docente, egli si vestiva e si comportava in modo informale e usava accompagnarsi con loro anche al di fuori delle lezioni. Naturalmente, già allora non nascondeva le sue attenzioni per le ragazze e, d'altra parte, come ha ricordato recentemente un ex studente, la scuola era "terreno di caccia" per i professori. Molti anni dopo, nel corso di una deposizione, alla domanda se avesse avuto relazioni sessuali con qualche studentessa rispose: "no, per quanto ricordi".

Fu così che riuscì ad acquisire l'amicizia di Lynne Greenberg, la figlia di Alan, alto dirigente e futuro CEO della banca d'investimento Bear Stearns. Lynne, entusiasta di Epstein, con cui aveva forse anche intrecciato una relazione, convinse il padre a partecipare a un incontro scuola-famiglie in cui il nostro si esibiva al piano.

Le cronache narrano che nel successivo colloquio che ebbe con Epstein Alan Greenberg sarebbe rimasto colpito a tal punto dalla brillantezza e dalla sagacia del suo interlocutore da offrirgli un lavoro alla Bear Stearns.

Qualche tempo dopo il contratto di Epstein con la Dalton School si chiuse per motivi mai chiariti ed egli si apprestò ad andare a lavorare con il suo nuovo mentore. Era il 1976 e l'irresistibile ascesa del dropout talentuoso subiva una nuova e decisiva accelerazione.

3. IL GENIO DELLA FINANZA
La fine del miracolo economico postbellico

> *Io voglio che i miei clienti comprendano*
> *il potere, la responsabilità e il peso*
> *del proprio denaro*
> (Jeffrey Epstein)

3.1 Le tasse sono cose da poveri

Nato in una famiglia ebrea che aveva fatto una discreta fortuna con la vendita al dettaglio di tessuti e vestiti femminili, Alan Greenberg entrò alla Bear Stearns come semplice impiegato, nonostante avesse acquisito una laurea in scienze economiche. Era quindi un uomo che si era fatto da solo, scalando tutti i gradini all'interno della società e, secondo quanto da lui stesso dichiarato, egli amava dare una chance a soggetti anche di umile origine e magari anche privi di un'adeguata esperienza e studi in materia finanziaria, ma che si mostravano particolarmente intelligenti e ambiziosi. Era il ritratto di Epstein.

Fedele alla propria biografia, Greenberg fece fare una gavetta di circa un anno ad Epstein con lo scopo di fargli conoscere tutte le aree operative della banca, dal back office al trading desk, alla gestione del rischio, sino ai settori a quel tempo più sofisticati, come quello della valutazione delle opzioni. Agevolato anche dalle sue non comuni doti matematiche, Epstein ricevette una generale ammirazione all'interno della banca per la facilità con cui si impadroniva di tutti i tecnicismi e metodologie della finanza.

Negli anni successivi, tuttavia, Epstein non lavorò più direttamente nelle aree operative e assunse invece quel ruolo che più gli si addiceva e su cui poi costruirà la sua fortuna, quello di consulente finanziario e fiscale per i più facoltosi clienti della banca. In poco tempo egli si costruì una straordinaria rete di relazioni all'interno dei circoli più esclusivi prima di New York e poi del paese e contestualmente divenne straordinariamente ricco. La sua vita cambiò radicalmente, cominciò a girare su macchine lussuose, era invitato a tutti i principali party della città e si accompagnava regolarmente con bellissime ragazze.

Quale fosse esattamente l'oggetto delle consulenze che egli forniva non è stato peraltro mai chiarito. Certamente esse non corrispondevano alla nozione di consulenza finanziaria che siamo abituati a conoscere, come per esempio la predisposizione di un piano di investimenti per la clientela; quello era un compito sostanzialmente ordinario e non avrebbe certo consentito ad Epstein di migliorare il suo tenore di vita in così poco tempo.

Egli sicuramente comprese prima di altri che in quegli anni era in corso una profonda trasformazione dei mercati finanziari innestata dalla fine della convertibilità del dollaro in oro decisa da Nixon nel 1971. Con quella decisione unilaterale fu stravolto il sistema economico-finanziario definito dagli accordi di Bretton Woods del 1944 su cui si era basato l'incredibile boom economico del dopoguerra. Tali accordi avevano introdotto un sistema di cambi sostanzialmente fissi fra le diverse valute con al centro il dollaro che diveniva la moneta elettiva per gli scambi internazionali. Il dollaro a sua volta era ancorato all'oro in cui poteva in ogni momento essere convertito con un rapporto anch'esso fisso di 35 dollari per oncia. Un aspetto non secondario degli accordi fu che essi implicavano, almeno inizialmente, una forte limitazione ai movimenti di capitali, circoscrivendoli di fatto a quelli funzionali alle transazioni commerciali.

Nonostante questo sistema abbia consentito un incredibile sviluppo economico e la sua equa distribuzione fra paesi e all'interno dei paesi, esso presentava delle debolezze intrinseche che alla fine ne determinarono la caduta. La causa scatenante furono le ingenti spese sostenute dagli Stati Uniti per finanziare la guerra del Vietnam e le grandi (e ultime) riforme sociali introdotte da Lyndon Johnson negli anni '60. Queste spese non furono fronteggiate da nuove tasse ma da un'emissione incontrollata di dollari che diede il primo innesco al l'inflazione internazionale degli anni seguenti, deteriorarono la bilancia dei pagamenti statunitense e determinarono una sopravvalutazione del rapporto di cambio fisso del dollaro con le altre valute e con l'oro.

La situazione era diventata insostenibile, anche perché molti paesi, con la Francia in testa, cominciarono a chiedere la conversione dei dollari in oro. Di conseguenza, le riserve auree degli Stati Uniti, che nell'immediato dopoguerra erano pari a due terzi di quelle mondiali, si erano gradualmente ridotte dell'80%. Fu così che si arrivò alla decisione shock di Nixon a seguito della quale si passò al sistema, tuttora vigente, di cambi flessibili in cui il valore e il rapporto di cambio delle valute è determinato dalle loro transazioni sui mercati. Crucialmente, il dollaro mantenne un ruolo centrale, pressoché monopolista, nelle transazioni internazionali. Nei cinquanta anni seguenti saranno proprio i mercati finanziari e i connessi movimenti di capitali ad assumere un ruolo sempre più determinante nell'economia mondiale, a scapito di quello degli Stati.

Epstein fu probabilmente uno dei primi a comprendere che l'apertura dei mercati valutari consentiva fruttuose operazioni speculative sui cambi. Come confermato da diverse testimonianze, egli manterrà negli anni questa sua expertise, affinandola nel tempo e sicuramente facendone partecipe la sua clientela.

Ma quella che probabilmente era la principale specializzazione di Epstein, e specularmente il servizio più ambito dalla clientela, era la consulenza fiscale e la pianificazione dei patrimoni familiari al fine di "ottimizzarne" l'onerosità tributaria. A tal fine egli seppe avvalersi ingegnosamente e prima di altri dei paradisi fiscali e di istituti giuridici come il trust, sfruttando poi il principio, che solo recentemente comincia a essere messo in discussione, secondo cui le tasse sono pagate nel paese in cui si ha la sede legale la società, anziché in quello in cui di fatto si opera.

"Non era il tuo broker convenzionale che diceva "acquista IBM" o "vendi Xerox", affermerà molti anni più tardi Jimmy Cayne, CEO di Bear Stearns. "Dato il suo background matematico, lo inserimmo nella nostra divisione prodotti speciali, dove consigliava i nostri clienti più ricchi sulle implicazioni fiscali dei loro portafogli. Suggeriva alcune transazioni vantaggiose dal punto di vista fiscale. È un ragazzo molto intelligente e, dopo la sua uscita, è diventato anche un cliente molto importante per l'azienda."

Negli anni seguenti, le strategie utilizzate da Epstein furono adottate anche da altri consulenti e divennero di comune utilizzo. Incredibilmente però l'efficacia dei consigli che egli era in grado di fornire resterà insuperabile, a sentire chi ne ha usufruito, merito evidentemente della sua capacità di innovare e perfezionarli nel tempo. Secondo quanto da lui stesso sostenuto, egli utilizzava una metodologia "proprietaria".

Naturalmente, siccome questo tipo di consulenza fiscale e l'attuazione dei suoi suggerimenti è un servizio costoso, essa può essere prestata solo ai ricchi e solo questi possono usufruirne. L'incresciosa diffusione di queste operazioni volte ad occultare i propri patrimoni al fisco verrà poi documentato dettagliatamente con la pubblicazione dei cosiddetti Panama Papers nel 2016 e dei Paradise Papers nel 2017, da cui emergeva che praticamente tutta la parte più agiata di quasi tutti i paesi del mondo si affannava a celare i propri patrimoni nelle giurisdizioni di paesi che garantiscono un prelievo basso se non nullo (i cosiddetti paradisi fiscali).

Nelle liste hackerate erano presenti le principali società internazionali, dittatori, politici di primo piano di paesi democratici, case reali, imprenditori, personaggi dello spettacolo e dello sport; praticamente tutta l'élite miliardaria del mondo riteneva, e ritiene, suo buon diritto sfuggire al proprio dovere civile di pagare le tasse. Uno scandalo incredibile che però, dopo qualche giorno, scomparve dal mirino dei media.

Negli anni '70 Epstein era un precursore di queste pratiche e il successo all'interno di Bear Stearns fu tale che nel 1980 egli fu promosso a "limited partner" (un ruolo assimilabile a quello di socio in accomandita, ma con diritti di voto limitati), un evento straordinario per un individuo entrato meno di quattro anni prima nella banca. Egli riferiva ora direttamente a Greenberg, nel frattempo divenuto CEO, e allo stretto collaboratore di questi, James Cayne, destinato a succedergli in quella posizione nel 1993. Cayne mantenne poi uno stretto rapporto con Epstein, destinato a durare almeno fino al 2013.

Meno di un anno dopo la sua promozione, tuttavia, la SEC avviò un'indagine su un sospetto episodio di insider trading in cui erano coinvolti Epstein e un suo cliente, Edgar Bronfman.

Prima che l'indagine si chiudesse, peraltro senza nessuna sanzione, Epstein si dimise dalla Bear Stearns.

Le ragioni di queste improvvise dimissioni non sono mai state chiarite; Epstein dichiarò in seguito che erano dovute a una "inappropriata relazione con una segretaria", ma sembra poco credibile che sia stata questa la causa scatenante. Appare invece ragionevole ritenere che egli si sia reso conto che il tipo di lavoro che svolgeva per la Bear Stearns potesse essere svolto con maggiore efficacia se egli si qualificava come esterno alla banca, anziché parte di essa, anche per evitare incidenti come quello che era appena occorso.

Di fatto, Epstein, anche dopo aver costituito nel 1981 una propria società, la "Intercontinental Assets Group Inc.", continuò a svolgere una preziosa funzione di collettore di facoltosi clienti per la Bear Stearns e poi anche per altre istituzioni finanziarie, prima fra tutte la JP Morgan. Secondo quanto lui dichiarava, la sua società era disponibile a prestare i suoi servizi solo a soggetti con un patrimonio di almeno un miliardo di dollari (dell'epoca).

In seguito egli affermerà di aver compreso che i problemi dei super ricchi sono diversi da quelli della gente comune. "Quando si possiede un miliardo la principale preoccupazione non è quella di guadagnare di più, ma quella di non perdere ciò che si ha... Un miliardo non si consegue in un giorno, è come cominciare con una piccola casa, poi si aggiunge un garage, poi una sopraelevazione e così via. Alla fine la confusione è totale, la casa è grande ma è stata costruita per stratificazioni successive e non coordinate...c'è bisogno di mettere ordine per evitare il rischio che frani improvvisamente". Questo era il compito che Epstein si attribuiva, quello di un "architetto finanziario" come egli amava dire. Ed era un compito che evidentemente sapeva ben svolgere.

3.2 L'ingegneria e l'idraulica della finanza

Negli anni successivi alla dipartita di Epstein, la Bear Stearns, sotto la guida prima di Greensberg e poi di Cayne, si specializzò sempre più nella finanza "innovativa" e divenne una delle istituzioni più attive nelle operazioni di cartolarizzazione di debiti che divennero di gran moda a partire dagli anni '90. Si trattava sostanzialmente dell'emissione di obbligazioni garantite da un pool di crediti con caratteristiche omogenee. Per tal via si rendeva possibile la trasferibilità di asset, come i crediti bancari, che per loro natura non possiedono originariamente questo requisito.

Tale innovazione consentì l'introduzione nel sistema bancario del modello cosiddetto *originate to distribute,* in base al quale le banche dopo aver concesso i mutui li accorpavano e li trasferivano al mercato al quale veniva così di fatto riservato il compito di valutare rischi e costo dei finanziamenti. La costituzione in un pool faceva poi sì che anche i rischi idiosincratici propri dei singoli debitori venissero accorpati e diluiti.

Più avanti negli anni vi fu un'ulteriore evoluzione. Sulla base dell'analisi delle serie storiche fu individuato il tasso di *default* (mancato pagamento) delle singole categorie di debitori da cui si ricavava per differenza la percentuale dei debiti di cui si poteva ragionevolmente ritenere *certo* il pagamento. Le obbligazioni furono così suddivise in tranches con diversi profili di rischio. I flussi dei pagamenti dei mutuatari venivano destinati innanzitutto a ripagare i detentori della tranche superiore e solo dopo, se residuavano, quelli delle tranches inferiori, che, in quanto più rischiose, presentavano un rendimento più alto.

Si trattava di un esercizio sofisticato di ingegneria finanziaria, cui dettero il proprio contributo determinante le società di rating che non ebbero remore a conferire la tripla A, corrispondente all'assenza di rischio, alle tranches superiori. Una volta stabilito il processo, si rese possibile poi estenderlo anche al settore dei *mutui subprime,* sottoscritti cioè da categorie di soggetti con basso merito di credito. A tal fine, si combinavano insieme precedenti cartolarizzazioni, le si suddividevano in tranches, permettendo così di ricavare da un congruo pool di attività tripla B ulteriori tranches tripla A.

Queste innovazioni furono salutate con entusiasmo dalle autorità monetarie. Nell'aprile del 2006 il Fondo Monetario Internazionale così scriveva nel suo rapporto sulla stabilità finanziaria globale: "E' ampiamente riconosciuto che la distribuzione del rischio di credito dalle banche verso un più ampio e diversificato gruppo di investitori...ha aiutato a rendere il complessivo sistema finanziario più resiliente... Conseguentemente, le banche appaiono oggi meno vulnerabili a shocks creditizi o economici". I fatti dimostreranno solo due anni dopo che si trattava in realtà dell'ennesimo tentativo alchemico di trasformare il letame in oro.

La Bear Stearns era in prima linea nel mercato delle cartolarizzazioni ed è certo che si avvaleva a tal fine della collaborazione di Epstein. Dai Paradise Papers è emerso infatti che egli è stato cofondatore con la Bear Stearns e presidente dal 2000 al 2007 della Liquid Funding, una società con sede alle Bermude attiva nelle cartolarizzazioni di mutui. Inoltre, secondo alcune fonti, egli sarebbe stato fra i primi a concepire l'utilizzo delle tranches superiori dei derivati a garanzia (il cosiddetto collaterale) dei *repo,* operazioni di finanziamento pronti contro termine, il cui mercato, accentrato a New York, costituisce uno snodo fondamentale per la circolazione dell'enorme massa di liquidità che si muove giornalmente nel mondo. Si tratta per lo più di operazioni a brevissima scadenza con cui vengono rifinanziati precedenti debiti in scadenza e per questi motivi i prestiti vengono forniti solo a fronte di un collaterale di alta qualità (i cosiddetti *safe asset)*, del quale c'è un'oggettiva penuria. L'utilizzo delle tranche di derivati qualificate tripla A rese più efficiente *l'idraulica* della liquidità internazionale nel breve termine, ma esposero il mercato dei repo a gravi rischi.

Sarà infatti proprio questa ulteriore evoluzione che porterà la Bear Stearns sull'orlo del default nel 2008. Le condizioni dei mutui americani prevedevano due anni a tasso fisso e quindi il passaggio al tasso variabile. Confidando sconsideratamente in un continuo apprezzamento del valore delle case e quindi della garanzia ipotecaria, molti mutuatari ritenevano di poter rifinanziare il mutuo alla scadenza dei due anni a condizioni più vantaggiose. Quando la bolla immobiliare cominciò a sgonfiarsi nel 2007 l'intero castello crollò. Nonostante il rating tripla A, le controparti di mercato si rifiutarono di accettare i derivati a garanzia dei repo e la Bear Stearns si ritrovò in una crisi di liquidità che rischiava di coinvolgere altre banche esposte nei suoi confronti.

La JP Morgan si dichiarò a questo punto disponibile ad acquisire la Bear Stearns, ma in cambio chiese che la FED (la banca centrale statunitense) assumesse a suo carico oltre 30 miliardi di asset tossici. Si trattava di un incentivo discutibile, ma la FED accettò per evitare il rischio di contagio di altre istituzioni finanziarie. Solo a quel punto, nel marzo del 2008, la

JP Morgan si accordò per pagare un prezzo da saldo di due dollari per azione, poi elevato a 10 dollari dopo le proteste degli azionisti. Un affare straordinario, considerato che solo un anno prima le azioni della Bear Stearns quotavano 160 dollari. Fra gli asset che passarono alla JP Morgan vi era ovviamente anche Epstein, che peraltro già da tempo collaborava con questa banca.

Le polemiche insorte in seguito all'intervento della FED ne influenzeranno le diverse decisioni che solo sei mesi dopo assumerà nei confronti della Lehman Brothers, la quale verrà lasciata fallire a fronte di un analoga crisi di liquidità, determinando l'implosione dell'intero sistema finanziario.

4. L'AGENTE SEGRETO
L'affermazione del neoliberismo

Epstein ha due priorità:
Israele e la scienza
(Peggy Siegal)

4.1 L'alba dei neoconservatori

In tutte le biografie di Epstein c'è un buco informativo riguardante il periodo approssimativamente intercorrente fra il 1981 e il 1988. In quel lasso temporale non v'è traccia né della sua attività professionale né di quella mondana.

Un primo tassello utile per una possibile ricostruzione di quanto avvenuto in quegli anni è dato dal falso passaporto austriaco trovato durante una perquisizione nella sua abitazione effettuata subito dopo il suo arresto. Il passaporto era stato emesso nel 1986 e lo rappresentava come cittadino austriaco con residenza in Arabia Saudita. Risultava inoltre che lo aveva utilizzato per viaggi a Parigi, Londra, Madrid e Riad. Chi e con quale scopo gli aveva procurato quel passaporto?

Forse non casualmente, al tempo dell'emissione era ambasciatore statunitense a Vienna il giovane Ronald Lauder, miliardario erede dell'impero della cosmetica "Estee Lauder", compagno di scuola e amico di vecchia data di Trump, importante sostenitore e finanziatore di Netanyahu e attualmente (2026) presidente del World Jewish Congress, ente di coordinamento delle comunità ebraiche nel mondo. Nel 1981 aveva invece appena assunto la carica di presidente della stessa organizzazione Edgar Bronfman, stretto amico e mentore di Lauder che poi gli succederà. Abbiamo già incontrato questa persona nella sua qualità di cliente di Epstein, rimasto coinvolto con lui in un'indagine della SEC. Era il 1981 e, come si ricorderà, subito dopo Epstein si dimise dalla Bear Stearns.

Edgar Bronfman era uno dei componenti di una potente e numerosa famiglia - definita a suo tempo dal New York Times "perhaps the single largest force in the Jewish charitable world" - il cui patriarca, Sam, dopo essere emigrato dall'attuale Moldavia in Canada, fece fortuna contrabbandando alcolici negli Stati Uniti durante il proibizionismo. I due fratelli Edgar e Charles erano i più impegnati politicamente e si sono sempre battuti per la causa della comunità ebraica nel mondo e per rafforzare i legami fra gli Stati Uniti e Israele. Charles inoltre è stato il fondatore, insieme a Leslie Wexner, che ritroveremo più avanti accostato a Epstein, del "Mega Group", associazione molto riservata dei venti più ricchi e influenti membri della comunità ebraica, dedita a opere di "filantropia".

La nomina nel 1981 di Edgar Bronfman a presidente del Word Jewish Congress segnò un punto di svolta del modus operandi e delle finalità di quell'istituzione che da lì in poi avrebbe assunto un atteggiamento più assertivo teso alla difesa degli interessi della comunità ebraica nel mondo, al rafforzamento della propria capacità d'influenza economica e politica anche attraverso i media e al riconoscimento di Israele come principale alleato geostrategico degli Stati Uniti. Come lui stesso sostenne nel discorso inaugurale, "per molto tempo, il Congresso Ebraico Mondiale è stato pensato per essere il più grande segreto della vita ebraica, perché la natura della diplomazia dopo la guerra era quella di una diplomazia tranquilla e sotto traccia. Questa è una nuova leadership in stile americano - meno timida, più energica, spudoratamente ebrea". Implicita era anche una critica alla leadership israeliana di allora, considerata debole.

Per comprendere la portata di questa svolta basti ricordare che nel 1978 l'assemblea generale dell'ONU aveva condannato a grande maggioranza il sionismo, accostandolo all'apartheid del Sudafrica e definendolo "una forma di razzismo e discriminazione razziale". Se oggi una simile condanna del sionismo da parte dell'ONU può apparire difficilmente praticabile è merito anche dell'instancabile attività del Congresso, volta in particolare all'affermazione nei media di una nuova narrativa della questione ebraica e di Israele, che è quella che tutti noi conosciamo oggi.

Nel perseguimento di questo progetto il Congresso verrà affiancato da numerose organizzazioni ebraiche parallele, fra cui vanno citate l'Anti-Defamation League, impegnata a combattere l'antisemitismo, e l'American Israel Public Affairs Committee (AIPAC) che nel tempo è divenuta la più potente lobby statunitense, in grado di condizionare l'elezione e il comportamento di deputati, senatori e degli stessi Presidenti. Da molti anni ormai non c'è politico di rilievo, di destra o di sinistra, compresi i Presidenti americani, che possa esimersi dal partecipare all'annuale assemblea generale dell'AIPAC, assicurando il proprio sostegno all'azione di quella organizzazione. Fa notizia chi non vi partecipa. Venuta meno ogni necessità o remora di occultare il proprio potere, l'AIPAC si vanterà con un tweet del novembre 2024 di aver finanziato in modo determinante l'elezione di oltre il 70% dei parlamentari statunitensi. Più recentemente, nel 2026, non ha destato sorpresa la nomina a Presidente della FED di Kevin Warsh, il genero del già citato presidente del Congresso, Roland Lauder.

Ma la situazione odierna è il risultato di un lavoro di lunga lena e dell'investimento di molti capitali. All'inizio degli anni '80 un primo passo, più modesto ma realistico, era quello di favorire l'avvio di un riposizionamento ideologico e geopolitico degli Stati Uniti e questo avvenne con la Presidenza Reagan. Questi si fece (fu fatto) portavoce di un vasto e diversificato movimento di opinione, che era sorto in opposizione alla presidenza Carter, giudicata, anche all'interno dell'amministrazione, come il punto più basso toccato nel dopoguerra dalla politica estera ed economica degli Stati Uniti.

In effetti, gli Stati Uniti venivano da un decennio non esaltante, nonostante l'effervescenza culturale alimentata dal rilassamento dei costumi. La fine ingloriosa della guerra del Vietnam, lo scandalo Watergate e le dimissioni di Nixon e infine l'umiliante sequestro dei diplomatici americani dell'ambasciata di Teheran erano tutti episodi che avevano scalfito pesantemente l'immagine del paese e deteriorato la sua egemonia internazionale. A ciò si aggiungeva una situazione economica fortemente deteriorata a causa di una lunga recessione accompagnata da un'inflazione apparentemente indomabile.

Una componente importante di questo movimento di opinione e di pressione politica, destinato a influire significativamente sulle vicende dei decenni successivi, era rappresentato da un gruppo di accademici e di membri dell'amministrazione che poi avrebbero assunto la denominazione di "neoconservatori". Gran parte di loro provenivano dalle file della sinistra, ma poi si spostarono a destra, declinando le istanze libertarie in senso neoliberista.

Appartenevano a questa corrente ideologica personaggi come Richard Perle, Paul Wolfowitz, Dick Cheney, Donald Rumsfeld e Douglas Feith, i quali appoggiarono fortemente la candidatura di Reagan e poi orbitarono nella sua amministrazione. Essi saranno determinanti nel definire una politica estera americana più autonoma dalle organizzazioni multilaterali come l'ONU, più assertiva nei confronti dei nemici geopolitici storici e che riconoscesse Israele come proprio principale alleato strategico. Coerentemente, sul fronte interno essi reclamavano un maggior accentramento di poteri presso la Presidenza a scapito del Parlamento e degli altri organi di controllo. Li ritroveremo tutti con ruoli ancor più importanti sotto la presidenza di Bush figlio, quando furono, fra l'altro, fra i maggiori sostenitori dell'USA PATRIOT Act, con cui venivano compressi per motivi di sicurezza molti diritti civili, e dell'intervento in Iraq.

Ma la presidenza Reagan segnò una significativa discontinuità anche in campo economico, mediante l'adozione delle politiche neoliberiste di cui Milton Friedman era all'epoca il principale teorizzatore e che erano già state messe in pratica "con successo" nel Cile di Pinochet. E' nota l'affermazione di Friedman secondo cui le imprese non hanno alcuna responsabilità sociale e chi le gestisce deve perseguire solo gli interessi degli azionisti che ne sono proprietari. Egli sosteneva inoltre che la migliore allocazione delle risorse, di cui tutti ovviamente avrebbero "alla fine" beneficiato, è quella che si sviluppa in un mercato libero dai condizionamenti e dalle interferenze dello stato. Tutti concetti che poi furono volgarizzati da Reagan con la famosa battuta secondo cui "lo Stato è il problema, non la soluzione". Necessari corollari di queste premesse erano da un lato la deregolamentazione della finanza che verrà perseguita pervicacemente negli anni a venire e dall'altro una politica economica volta a favorire, soprattutto attraverso un abbassamento delle imposte, gli investimenti privati.

I fratelli Bronfman e la parte della comunità ebraica che essi rappresentavano intercettarono e, in qualche misura, alimentarono queste correnti d'opinione. Essi furono infatti fra i principali sostenitori e finanziatori della campagna elettorale di Reagan e furono parte non secondaria del gruppo di potere che perorò con successo le riforme da questi poi attuate. Fra coloro che li affiancarono in questo progetto va menzionato l'influente amico Roy Cohn, anche lui molto attivo nella comunità ebraica. Cohn era un personaggio controverso, noto per essere stato il procuratore che sostenne l'accusa contro i coniugi Rosemberg e il principale collaboratore di McCarthy nelle sue feroci campagne anticomuniste dei primi anni '50.

Dopo la collaborazione con McCarthy, Cohn aveva intrapreso una brillantissima carriera di avvocato, dimostrando peraltro la stessa spietatezza che aveva usato come procuratore. In un ritratto che ne fece lo scrittore Ken Auletta, "coloro che vogliono uccidere il marito, torturare un socio in affari, spezzare le gambe al governo, devono assumere Roy Cohn. È un boia legale: il più duro, il più cattivo, il più vile e uno dei più brillanti avvocati d'America".

Nel 1981 Cohn era all'apice del suo potere, organizzava feste sontuose in cui coltivava le sue relazioni con politici, giornalisti e celebrità e, soprattutto, in quanto grande elettore di Reagan, aveva accesso allo studio ovale. Secondo quanto rivelato successivamente dal periodico "Politico", in quell'anno

Cohn organizzò un grande party per festeggiare la vittoria di Reagan a cui parteciparono, fra gli altri, i genitori di Ronald Lauder (l'ambasciatore a Vienna), Alan Greenberg (il dirigente della Bear Stearns che assunse Epstein) e – sorpresa! – Rupert Murdoch e l'allora appena trentenne Donald Trump.

Trump e Murdoch erano in effetti i clienti elettivi di un avvocato come Cohn e fu in questa veste che egli li sostenne e li fece conoscere, avviando una collaborazione fra i due che si è mantenuta sino ai tempi più recenti, quando Murdoch ha sostenuto la Presidenza di Trump coi suoi media e in particolare con la rete televisiva Fox e il New York Post.

Sempre a quell'epoca un altro degno protégé di Cohn era Roger Stone il quale proprio in quegli anni aveva fondato insieme all'amico Paul Manafort una società di lobbying ed era quindi alla ricerca di entrature nell'amministrazione e nel Congresso. Incredibilmente questi due modesti "faccendieri" riuscirono ad accreditarsi come consiglieri delle campagne elettorali di tutti i candidati repubblicani a partire da Reagan fino a Trump. Essi saranno entrambi arrestati nel 2019 e quindi condannati a diversi anni di carcere per una serie di reati fra cui truffa, frode fiscale e falsa testimonianza. Trump grazierà entrambi alla fine del 2020.

L'ascesa di Cohn terminò nel 1986 quando morì di AIDS, malattia che cercò di tenere nascosta sino all'ultimo per non rivelare la sua omosessualità. E' materia da psicanalisti spiegare perché negli anni '50, al tempo della collaborazione con McCarthy, intraprese una feroce campagna contro gli omosessuali presenti nelle istituzioni pubbliche, argomentando che erano suscettibili di ricatto da parte delle spie sovietiche in ragione del loro orientamento sessuale, per usare una terminologia dei giorni nostri.

4.2 Armi, petrolio e cocaina

In quel fatidico 1981 Epstein, dopo aver lasciato la Bear Stearns, mantenne con ogni probabilità una stretta relazione con Edgar Bronfman, ma in ogni caso egli era entrato a far parte del suo entourage e dei relativi progetti. E' verosimile che inizialmente Bronfman fosse solo uno dei miliardari a cui Epstein riservava l'accesso ai suoi misteriosi, ma evidentemente assai proficui, servizi di consulenza fiscale, e probabilmente rese gli stessi servizi a qualche amico facoltoso. Ma negli anni successivi Epstein assunse compiti più delicati.

Un importante aiuto alla ricostruzione di quanto accadde ci viene fornito da alcune dichiarazioni fatte, subito dopo la morte di Epstein, da Ari Ben-Menashe. Diciamo subito che si tratta di un personaggio controverso, ma allo stesso tempo non privo di fascino per la tante avventure di cui è stato protagonista: nato a Teheran, si trasferisce da piccolo in Israele, entra a far parte dell'intelligence israeliana, partecipa all'operazione segreta "Iran – Contras", ne rivela successivamente i contenuti alla stampa, viene arrestato in America per aver tentato di vendere, per conto di Israele, tre Hercules C130 (!) all'Iran, passa un anno in carcere (lo stesso in cui verrà rinchiuso Epstein), viene rilasciato e diventa "consulente" di diversi paesi del terzo mondo, attività che ancora oggi, nel 2021, continua a svolgere.

Quasi dimenticato dalla stampa, egli riappare all'improvviso nel 2019 e rilascia un paio di interviste in cui sostiene che Epstein nei primi anni '80 era entrato a far parte dell'intelligence militare israeliana, mantenendo poi tale ruolo sino alla sua morte. Egli sottolinea di essere un testimone fedele di questa circostanza in quanto anche lui militava all'epoca nella stessa agenzia. Inoltre, è significativo che sempre in quegli anni Epstein andò in Israele e si incontrò con Ehud Barak, che al tempo era il capo dell'intelligence militare, avviando un rapporto di collaborazione che si protrarrà sino agli ultimi anni prima dell'arresto.

Secondo quanto riferito da Ben-Menashe, Epstein gli fu presentato a Londra da Robert Maxwell, il magnate dell'editoria nonché spia di Israele.

Maxwell era all'epoca una figura quasi leggendaria per le incredibili vicende che avevano accompagnato la sua vita. Nato nel 1923 da una poverissima famiglia ebrea in un'area della Cecoslovacchia oggi facente parte dell'Ucraina, fuggì in Francia prima dell'invasione tedesca e della deportazione di tutta la sua famiglia ad Aushwitz. Lì si arruolò nell'esercito cecoslovacco in esilio e, dopo la sconfitta della Francia, si trasferì nel Regno Unito dove continuò a partecipare ad azioni belliche contro i tedeschi (compreso lo sbarco in Normandia) dando prova di eroismo.

Dopo la guerra Maxwell ottenne la cittadinanza britannica e avviò un'attività imprenditoriale che lo porterà, con metodi non sempre ortodossi e al limite della legalità, alla costruzione di un impero editoriale, pubblicitario e televisivo. Si impegnò anche in politica, divenendo deputato laburista per due legislature, e mantenne sempre un rapporto ambiguo con l'URSS, di cui sembra si avvalsero anche i servizi segreti britannici. Fu grazie a questi rapporti che egli riuscì a far pervenire ad Israele armi e aerei dalla Cecoslovacchia che valsero la superiorità bellica nella guerra del 1948 contro i palestinesi.

Verso la fine degli anni '80 Ben-Menashe (ancora lui!) rivelò che Maxwell era in realtà da sempre una spia di Israele al quale aveva, fra l'altro, fornito informazioni riservate sull'establishment britannico. Ben-Menashe rivelò poi che era stato Maxwell nel 1986 a informare il Mossad che il fisico nucleare e attivista per la pace israeliano Mordechai Vanunu aveva approcciato uno dei giornali di cui era proprietario per metterlo al corrente della realizzazione di un arsenale atomico da parte di Israele. Vanunu fu poi rapito da agenti del Mossad, trasferito in Israele e qui condannato a 18 anni di prigione di cui 11 in isolamento.

Maxwell morì nel 1991 mentre era in crociera col suo yacht nelle Canarie in circostanze poco chiare, probabilmente cadendo incidentalmente in acqua e poi affogando. Il lussuoso yacht su cui viaggiava era stato chiamato Lady Ghislaine, in onore della ultimogenita e prediletta figlia, Ghislaine.

La sua salma fu trasportata in Israele dove ricevette un imponente funerale di stato a cui presenziarono il primo ministro Shamir, il presidente Herzog, molti esponenti della politica, dell'economia e della cultura e "almeno sei capi, presenti e passati, dell'intelligence israeliana".

Dopo la sua morte si scoprì che aveva sottratto centinaia di milioni di sterline ai fondi pensione delle imprese che controllava. Ne seguì la bancarotta e la fine del suo impero.

Negli anni '80 la famiglia Bronfman era in stretti rapporti con Maxwell, con cui aveva fatto affari insieme, come il tentato acquisto del Jerusalem Post, e soprattutto aveva collaborato per favorire l'emigrazione degli ebrei russi in Israele. Si trattava di un progetto che stava particolarmente a cuore a Edgar Bronfman nella sua qualità di presidente del Congresso Mondiale Ebraico e che si avvalse a tal fine delle entrature di

Maxwell nelle dirigenza sovietica. Nell'occasione furono anche fortemente diluiti i requisiti per essere definiti ebrei, allo scopo di agevolare una immigrazione di massa destinata a cambiare la demografia di Israele a favore degli ebrei e a favorire in prospettiva l'ascesa di Netanyahu e Sharon.

Non si può escludere quindi che siano stati i Bronfman il contatto che avrebbe poi portato Epstein a Londra da Maxwell. In ogni caso, secondo quanto riferito da Ben-Menashe, l'incontro fra i due ebbe luogo e non si sarebbe trattato di un evento isolato, tant'è vero che Epstein conobbe pure la figlia di Maxwell, Ghislaine, e forse già allora sarebbe sorta una prima simpatia fra i due.

Ben Menashe entra nei dettagli di quell'incontro per precisare che Maxwell gli presentò Epstein e gli disse che avrebbe collaborato con lui e con altri elementi dell'intelligence per finalizzare gli accordi segreti allora in essere fra Israele e Iran, riguardanti l'acquisto di petrolio e la vendita di armi.

Per quanto oggi possa apparire paradossale, i due paesi avevano all'epoca interessi convergenti. Con la rivoluzione Khomeinista del 1979 e con la deposizione dello Scià Israele aveva perso il paese "meno ostile" nel Medio Oriente e il principale fornitore di petrolio. Nello stesso tempo, l'embargo sul petrolio imposto dopo il sequestro dei diplomatici americani nell'ambasciata di Teheran aveva creato gravi problema economici all'Iran.

Era quindi nell'interesse dei due paesi continuare segretamente a commerciare petrolio. Per superare l'embargo gli israeliani si affidarono a Marc Rich, un trader di materie prime, fondatore del gigante del settore Glencore, che aveva fatto fortuna rompendo il predominio delle "sette sorelle" (le principali aziende petrolifere) nel mercato del petrolio, che fino agli anni '70 era negoziato pressoché esclusivamente con contratti a temine e con finalità soprattutto di copertura.

Nella sua carriera Rich, che, come egli stesso riconoscerà più tardi, era anche un agente del Mossad, si mosse sempre in modo spregiudicato e spesso oltre il limite delle leggi, facendo affari con regimi dittatoriali o sotto embargo come il Sudafrica al tempo dell'apartheid, il Cile di Pinochet, Cuba, la Libia, il Nicaragua dei sandinisti.

Egli non si fece scrupolo quindi ad avviare un commercio segreto di petrolio con l'Iran nonostante questo fosse sotto embargo, tenendolo poi in vita con enormi profitti sino alla metà degli anni '90. La sua carriera sembrò però concludersi nel 1983 quando fu incriminato negli Stati Uniti per una serie impressionante di reati, comprendenti una delle più grandi evasioni fiscali occorse nel paese, truffa, associazione a delinquere, oltre alla violazione dell'embargo verso l'Iran che nel frattempo era venuta alla luce.

Soprattutto quest'ultima imputazione attirò l'attenzione e provocò l'indignazione dell'opinione pubblica statunitense, in particolare dopo che si apprese che Rich aveva continuato a contrabbandare il petrolio iraniano anche nel periodo in cui i diplomatici dell'ambasciata statunitense a Teheran erano sotto sequestro.

Rich ebbe sentore per tempo delle indagini in corso e sfuggì al processo rifugiandosi in Svizzera dove già la sua società aveva sede e dove resterà fino alla recente morte, senza mai tornare negli Stati Uniti. Appena due anni prima aveva acquistato insieme all'industriale Marvin Davis la 20th Century Fox, che poi, dopo la sua fuga, verrà ceduta a Rupert Murdoch.

Le relazioni pericolose di Israele con l'Iran non ebbero peraltro ad oggetto solo il petrolio, ma si estesero anche al commercio di armi. Nel 1980 infatti Saddam Hussein aveva invaso l'Iran con l'obiettivo di conquistare dei territori contesi al confine dei due stati, ma anche di colpire il governo succeduto alla cacciata dello scià prima che consolidasse il suo potere, in particolare nelle forze armate. La guerra era stata concertata con gli altri paesi arabi a guida sunnita della regione che non vedevano di buon occhio la nascita alla loro frontiera di una repubblica islamista, e quindi orientata al proselitismo, di fede sciita. L'accordo prevedeva che l'Iraq avrebbe messo i soldati e gli altri paesi i soldi. Ma quando la guerra si concluse dopo nove anni con un nulla di fatto, i paesi del Golfo si rifiutarono di pagare quanto stabilito, scatenando l'ira di Saddam che per ritorsione invase il Kuwait.

Nei primi anni di guerra l'Iraq aveva peraltro ottenuto significativi successi e sembrava destinato a prevalere anche per le difficoltà di approvvigionamento di armi da parte dell'Iran sottoposto a embargo. Una vittoria irachena non era, tuttavia, gradita ad Israele che all'epoca riteneva Saddam una minaccia più prossima e concreta dell'Iran e comunque aveva interesse che i due paesi si logorassero vicendevolmente. Fu così che, già a partire dal 1981, fu concepita una vasta operazione segreta volta a rifornire di armi l'Iran quanto bastava a tener testa all'esercito iracheno. La cosa straordinaria fu il successivo coinvolgimento diretto degli Stati Uniti in questa operazione, che, una volta venuta alla luce, passerà alla storia col nome di *Irangate*.

Ancora oggi la vicenda presenta molti punti oscuri, soprattutto sui motivi che avevano indotto l'amministrazione Reagan a lasciarsi coinvolgere in questa iniziativa che poi si incrociò in modo non chiaro con una analoga fornitura di armi al gruppo armato dei Contras che si opponevano al governo "di sinistra" dei Sandinisti in Nicaragua. Si tenga presente che solo pochi anni prima si era conclusa l'umiliante vicenda del sequestro dei diplomatici americani in Iran, che era ancora fresca l'indignazione dell'opinione pubblica per il contrabbando di petrolio condotto da Rich, che, almeno all'inizio delle ostilità, gli Stati Uniti avevano appoggiato l'Iraq, allineandosi alle preoccupazioni dei paesi del Golfo e infine che l'operazione veniva condotta in violazione di due risoluzioni del Congresso oltre che, ovviamente, dell'embargo deciso dagli stessi Stati Uniti.

Fatto sta che gli Stati Uniti decisero di coinvolgersi direttamente in questo singolare traffico di armi con un supposto nemico, abbinandolo a un'analoga operazione a favore dei Contras. La vicenda andò avanti per un paio di anni e si concluse verso la fine del 1986, quando Ben-Menashe (altre fonti dicono un "agente iraniano") ne rivelò i dettagli a un quotidiano libanese.

Poche settimane prima un aereo della Southern Air Transport, la compagnia di proprietà della CIA, carico di armi destinate ai Contras era stato abbattuto dai sandinisti. Nell'occasione emersero inquietanti indizi che l'operazione si basasse in realtà sullo scambio di armi contro cocaina con il coinvolgimento del cartello di Medellín.

John Kerry, l'allora senatore e futuro Segretario di Stato sotto Obama, si occupò del caso e affermò di aver raccolto significative informazioni circa "episodi di corruzione che hanno coinvolto funzionari dell'attuale e precedente governo statunitense riguardanti il traffico di armi e droga per il tramite della Southern Air Transport".

I due eventi quasi contemporanei delle rivelazioni del giornale libanese e dell'abbattimento dell'aereo misero ovviamente fine all'operazione, anche se l'Iran e l'Iraq continueranno ancora a rifornirsi di materiale bellico rivolgendosi direttamente ai trafficanti d'armi. Nelle successive indagini, il Congresso e gli inquirenti fecero finta di credere che Reagan fosse all'oscuro della vicenda, mentre tutti coloro che furono riconosciuti colpevoli e quindi condannati furono poi graziati solo un anno dopo da Bush padre, succeduto a Reagan dopo esserne stato il vice all'epoca dei fatti.

Quale fu il ruolo di Epstein in questa vicenda? Ovviamente, egli non era stato raccomandato e poi arruolato dai servizi israeliani per svolgere compiti alla James Bond o per trafugare documenti segreti. Non è da escludere che egli abbia, all'occasione, fornito informazioni sulle virtù e i vizi privati di qualche esponente dell'establishment da lui frequentato, ma altre, e sicuramente più preziose e ambite, erano le competenze e le prestazioni che egli era in grado di offrire. Il talento fuori dal comune di cui aveva dato prova in campo finanziario e la fedeltà alla causa lo rendevano infatti la persona giusta a cui affidare la gestione degli aspetti finanziari delle operazioni e, soprattutto, il trasferimento dei relativi fondi. Le stesse abilità che aveva mostrato in materia fiscale, celando i beni dei clienti all'attenzione del fisco, tornavano ora utili per condurre operazioni di vero e proprio riciclaggio di denaro.

Epstein continuerà almeno fino a tutto il 2007 (anno della sua condanna) a svolgere per conto dei servizi israeliani questo delicato compito, che col tempo avrebbe esteso il suo raggio d'azione ricomprendendo anche la gestione dei fondi conferiti alle innumerevoli *charities* costituite dalla comunità ebraica. Numerosi indizi di cui parleremo più avanti lasciano ritenere inoltre che la collaborazione sarebbe in realtà continuata, anche se in modo più occasionale, sino a pochi anni prima della morte.

E' probabile poi che negli anni '80 egli abbia collaborato anche coi servizi americani oltre che con quelli israeliani, che d'altronde nell'*Irangate* cooperavano strettamente fra di loro. Tutte le sue biografie ricordano che in quel periodo egli si sarebbe vantato di essere un agente della CIA, anche se successivamente avrebbe smentito. In ogni caso, anche dopo la cessazione dei rifornimenti di armi da parte degli americani, egli continuò a lavorare, per conto di Israele, nel contrabbando di materiale bellico come dimostrano i suoi contatti all'epoca con diversi mercanti di armi.

In particolare, Epstein collaborò a lungo con il saudita Adnan Khashoggi, lo zio di Jamal, il giornalista ucciso nel 2018 dai sauditi nell'ambasciata di Istanbul. Questi era stato implicato nella vicenda Iran-Contras e poi continuò a commerciare direttamente armi con diversi paesi del Medioriente. Negli anni '80 Khashoggi era diventato uno degli uomini più ricchi del mondo e frequentava il jet set internazionale. Al culmine della sua carriera si fece costruire, da cantieri italiani, quello che all'epoca era il più grande yacht privato; all'inizio degli anni '90, quando Khashoggi aveva incredibilmente quasi dilapidato la sua immensa fortuna, lo yacht fu acquistato da Trump.

Con ogni probabilità, i viaggi in Arabia Saudita effettuati da Epstein in quel periodo (utilizzando il passaporto austriaco con indicata la residenza saudita) erano connessi ai rapporti con Khashoggi, il quale lo avrà anche introdotto nella corte reale, consentendogli di stabilire dei contatti che poi continuerà a coltivare sino agli ultimi anni di vita.

4.3 Lo schema Ponzi

Ulteriori interessanti dettagli sulle attività svolte da Epstein in quel periodo emergeranno da alcune interviste rilasciate trenta anni dopo da Steven Hoffemberg, un imprenditore di origini ebraiche passato alla storia per aver perpetrato la più grave truffa finanziaria degli Stati Uniti prima che fosse scoperta quella di Madoff. Egli era il fondatore e CEO della Tower Financial Corporation, una società specializzata nell'acquisto di crediti, in particolare del settore sanitario, di problematica riscossione, un'attività questa che conoscerà un grande sviluppo a partire dagli anni '90 con metodologie più sofisticate e meno rozze di quelle utilizzate da Hoffemberg. L'intuizione di base era quella di indebitarsi per acquistare questi crediti a prezzi di saldo per poi assemblarli in un pool da utilizzare a garanzia di emissioni obbligazionarie, in un processo iterativo in cui i vecchi creditori venivano rimborsati acquisendo nuovo debito.

Si trattava quindi di una versione riveduta del vecchio e periodicamente riscoperto "schema Ponzi"; ma Hoffemberg aveva ulteriormente "affinato" la frode, letteralmente inventandosi parte dei crediti da dare a garanzia per acquisire nuovi fondi. Si scoprirà in seguito, infatti, che gli impiegati della Tower copiavano talvolta i nomi di ipotetici "pazienti" dall'elenco telefonico, vi affiancavano una cifra in dollari per gli immaginari servizi loro prestati e li aggiungevano al pool di asset da usare come collaterale di ulteriori prestiti. Naturalmente, anche i bilanci e tutta la contabilità della società erano falsificati.

La cosa andò incredibilmente avanti per un paio di anni, finché Hoffemberg, sino ad allora praticamente sconosciuto, nel gennaio 1993 salì alla ribalta delle cronache per l'incomprensibile decisione di acquistare il New York Post. Questo quotidiano, un tempo di tendenze liberal, era stato acquisito nel '76 da Murdoch con l'intento di dargli un'impronta più conservatrice. Successivamente, egli, già proprietario di cinque reti televisive, fu costretto a cederlo per ottemperare alle leggi contro la concentrazione dei media.

Appare inspiegabile perché Hoffemberg abbia deciso di entrare nel business editoriale a lui sconosciuto o forse sarebbe meglio chiedersi perché Murdoch abbia deciso di passare a lui il testimone. Resta il fatto che mantenne la proprietà del quotidiano solo per poche settimane; l'operazione destò infatti l'attenzione della SEC che, a seguito di una rapida ispezione, scoprì la frode perpetrata dalla Tower e la mise in liquidazione. Per la cronaca, Murdoch riuscirà poi a ottenere una deroga alle norme antitrust e a riacquistare il giornale, mentre Hoffemberg verrà condannato a 20 anni di carcere.

o O o

La truffa perpetrata da Hoffemberg impallidisce però rispetto a quella di Bernie Madoff, dalla quale, una volta scoperta, emerse un buco di 65 miliardi di dollari. Madoff non era un oscuro personaggio e sarebbe erroneo liquidarlo come un modesto truffatore. Egli aveva importanti agganci con la comunità ebraica, a cui apparteneva e da cui proveniva la maggior parte dei fondi che egli "gestiva". Fu uno dei pionieri nell'utilizzo dei computer per la transazioni in borsa e la sua tecnologia fu poi adottata dal listino di borsa NASDAQ, di cui è stato presidente per diversi anni. Nonostante sia stato sempre uno dei maggiori market makers del Nasdaq, i maggiori profitti provenivano dalla gestione del suo hedge fund, il quale nei suoi diciotto anni di vita aveva conseguito una performance stabile di oltre il 12% annuo.

Madoff sosteneva di gestire il fondo con una metodologia proprietaria che egli chiamava "*split-strike conversion*" e che sostanzialmente si basava sull'acquisto di azioni e poi di opzioni call o put sulle stesse. Tutto ciò era palesemente inverosimile e un operatore di borsa, Harry Markopulos, segnalò più volte alla SEC (la Consob americana) che i rendimenti mostrati non potevano essere stati conseguiti, non foss'altro perché non venivano trattate sufficienti opzioni nel mondo per giustificarli.

Incredibilmente, la SEC, nonostante cinque ispezioni, non trovò mai nulla di anomalo nel funzionamento dell'hedge fund. Eppure, non doveva essere troppo difficile appurare che i soldi che affluivano nel fondo restavano per la maggior parte depositati presso un conto della JP Morgan e che, come nel più classico schema Ponzi, i rimborsi venivano corrisposti coi soldi dei nuovi investitori. Tutto lascia intendere inoltre che alla base di tutto vi fossero delle enormi operazioni di riciclaggio per conto terzi, reato di cui peraltro Madoff si dichiarò poi colpevole.

L'hedge fund collassò durante la crisi finanziaria del 2008, quando, a fronte di una crisi di liquidità sistemica, un numero crescente di clienti chiese il rimborso dei propri soldi. Madoff fu condannato a 150 anni di carcere ed è morto recentemente. La JP Morgan, la quale non poteva essere all'oscuro di quanto accadeva, se la cavò invece patteggiando una multa di 2,6 miliardi.

o O o

Alcuni anni dopo essere uscito dal carcere, Hoffemberg rivelerà che Epstein aveva lavorato per lui a partire dal 1987 e che gli era stato "raccomandato dal suo datore di lavoro europeo, Douglas Leese". Da quanto aveva appreso all'epoca, inoltre, Epstein "quando lavorava in Europa era coinvolto in attività di riciclaggio di denaro e di spionaggio per conto di Israele…vendevano armi in tutto il Medioriente… e lavoravano in partnership con Adan Khashoggi".

Per quanto la veridicità delle dichiarazioni di Hoffemberg non possa essere data per scontata, il riferimento a Douglas Leese appare significativo, trattandosi di una persona ancora in vita che non avrebbe senso inserire in una ricostruzione fantasiosa. Di Leese si sa per certo, nonostante l'estrema riservatezza con cui ha condotto la sua vita, che è stato un trader di armi e che per i meriti acquisiti con questa nobile attività gli è stato conferito il titolo di baronetto. E' altresì noto che lui e Khashoggi collaborarono come "facilitatori" per i rispettivi paesi delle trattative che portarono nel 1986 all'acquisizione da parte del Regno Unito di una commessa plurimiliardaria per la vendita di armi all'Arabia Saudita.

Il contratto, per il quale i britannici erano in competizione con la Francia, aveva un valore superiore a 40 miliardi di dollari dell'epoca e per esso si spese direttamente la Thatcher. Più avanti negli anni, emergeranno a più riprese evidenze che esso era stato accompagnato da rilevanti tangenti, parte delle quali erano andate direttamente a membri della casa reale saudita. Tuttavia, con una decisione che creerà scandalo, i giudici britannici a cui saranno affidate le indagini decideranno, sotto la pressione del primo ministro Blair, di chiuderle adducendo superiori interessi pubblici.

Come confermato da ulteriori fonti, Epstein andò effettivamente a lavorare alla Tower Financial, ma è inverosimile che egli, come sostiene Hoffemberg, si sia fatto raccomandare per ottenere un posto in quella oscura società gestita da un modesto truffatore. Più probabile, come da alcuni sostenuto, che sia stato lui (o altri per lui) a scegliere quella società ritenendola idonea al riciclaggio di denaro, verosimilmente proveniente da tangenti e commissioni legate al traffico di armi. Tale finalità ben si conciliano con i tentativi della Tower, non andati a buon fine, di acquisire il controllo prima della Pan Am e poi della Emery Air Freight. Dopo queste due iniziative, entrambe condotte nel 1988, non vi è più traccia di una collaborazione di Epstein con la Tower e quindi con ogni probabilità il relativo rapporto cessò.

Sembrerebbe pertanto priva di fondamento l'asserzione di Hoffemberg secondo cui Epstein era stato compartecipe, o addirittura l'ideatore, della truffa condotta negli anni successivi dalla Tower. D'altronde, se questo fosse stato il ruolo di Epstein, perché mai Hoffemberg ne avrebbe taciuto quando era sotto processo per parlarne solo a distanza di trenta anni?

Piuttosto è interessante che Hoffemberg, pur definendo Epstein una "mente criminale" e un "maestro della manipolazione", non riesca a esimersi dal ricordare quanto fosse rimasto impressionato dalla sua "incredibile personalità e … dalla non comune capacità di comprendere facilmente prodotti finanziari complessi…era straordinariamente dotato, aveva un talento fuori dell'ordinario e inoltre era molto simpatico, capace di accattivarsi rapidamente l'amicizia e la confidenza dei suoi interlocutori".

Un uomo con tutte queste qualità aveva obiettivi ben più ambiziosi che continuare a collaborare con una società come la Tower Financial.

5. IL RICCO SCAPOLO
Il trionfo della finanza

> *Epstein non ama il conflitto,*
> *ma se tu vuoi sfidarlo*
> *ti lascia scegliere l'arma*
> *(Leslie Wexner)*

5.1 Angeli e demoni

Nello stesso periodo in cui Hoffemberg era convinto di aver assunto alle sue dipendenze Epstein per la *miseria* di 50.000 dollari al mese, questi continuava nella sua attività di consulenza a favore di soggetti con un patrimonio non inferiore a un miliardo di dollari. Vi sono in effetti testimonianze di potenziali clienti con patrimoni di "soli" 500 – 700 milioni che si videro rifiutare i suoi servizi. Ma chi fossero i suoi clienti miliardari è rimasto sino ad oggi un mistero.

L'amico e futuro suo avvocato Alan Dershowitz dichiarò a suo tempo che Epstein gli aveva confidato di avere cinque clienti, ma di ignorare anche lui chi fossero, con un'unica importante eccezione: Leslie Wexner.

Wexner è il fondatore di L Brands, una holding che possiede partecipazioni di controllo in società di commercio al dettaglio, soprattutto di abbigliamento femminile. Egli ha costruito il suo impero partendo da zero, con un negozio di vestiti per donna dal prezzo relativamente moderato e quindi puntando sulle quantità delle vendite. Questa politica si rivelò vincente e alla fine degli anni '70 possedeva una catena di oltre cento negozi. Ma il vero salto lo fece nel 1982 quando acquistò per solo un milione di dollari una minirete di sei negozi di intimo femminile, denominata Victoria's Secret. Ciò che l'indusse all'acquisto fu l'idea dell'arredamento dei negozi, caratterizzato da penombra e da un richiamo allo stile vittoriano (di qui il nome Victoria) che conferiva loro un'atmosfera vagamente "pruriginosa".

Wexner ebbe l'intuizione di far leva su questa caratteristica, esaltandola con un marketing aggressivo e soprattutto con le note e a suo tempo celebrate dalla stampa sfilate di supermodelle in lingerie (i cosiddetti "angeli"). Victoria's Secret è stato un successo internazionale che è andato poi progressivamente affievolendosi a partire dal 2015 e dal contestuale progressivo mutamento dei costumi che ha reso lo stile e la rappresentazione del "prodotto" inattuale e per certi versi inappropriato. Le sfilate sono state definitivamente sospese a partire dal 2019. Poi, nel 2021 il gruppo ha cercato di recuperare la propria reputazione facendosi improbabile paladino dell'emancipazione femminile e ingaggiando per la pubblicità modelle famose per i loro successi anziché per le "proporzioni". In tal modo, hanno spiegato, si è inteso superare quella "cultura sessista in base alla quale i vestiti femminili venivano selezionati con una lente maschile e in funzione di ciò che gli uomini desideravano".

Assieme a Victoria's Secret, Wexner acquistò o fondò altre catene di negozi - fra cui Pink, Bath&Body Works, Abercrombie&Fitch – giungendo a costituire uno dei maggiori conglomerati di vendita al dettaglio degli Stati Uniti, con succursali in moltissimi paesi.

Oltre a essere un brillante imprenditore, Wexner si è contraddistinto anche per la sua attività "filantropica". Abbiamo già ricordato che fondò assieme a Charles Bronfman il cosiddetto "Mega Group" partecipato dai più ricchi e influenti ebrei americani, che organizza giornate di studio sul giudaismo e finanzia iniziative di beneficenza a favore della comunità ebraica.

Ma ancora più importante fu la costituzione nel 1985, assieme al rabbino Herbert Friedman, della Wexner Foundation. Questa iniziativa muoveva dalle riflessioni nella comunità ebraica, cui abbiamo accennato nel capitolo precedente, circa la necessità di una sua maggiore rappresentatività nelle istituzioni, al fine principale di riorientarne l'approccio nei confronti di Israele. In questa prospettiva, la Wexner Foundation è stata costituita con il proposito di promuovere la formazione di leader, attraverso il finanziamento di scuole e altre istituzioni ebraiche, il conferimento di borse di studio per i più meritevoli e l'organizzazione di seminari formativi. Queste, almeno, sono le attività che vengono dichiarate ufficialmente.

Un'attività collaterale della Wexner Foundation era dedicata ai temi e alle modalità della propaganda volta a indirizzare la narrativa degli eventi, in particolare del Medioriente, da far veicolare poi dai media. Illuminante a questo proposito è un documento divenuto pubblico per errore: "Israeli Communication Priorities 2003". Il documento va inquadrato nel periodo storico in cui è stato redatto: la seconda guerra del Golfo si è appena conclusa ed è stato nominato primo ministro palestinese il moderato Mahmoud Abbas che si affretta a ripudiare la violenza come strumento per risolvere il conflitto con Israele.

Il documento, che rivela l'ipocrisia e la malafede con cui gli israeliani stavano conducendo le negoziazioni coi palestinesi, si sofferma sulla necessità di tener desta l'opinione pubblica americana sulla centralità della lotta contro il terrorismo, anche dopo la caduta di Saddam Hussein: "abbiamo poche settimane, prima che il *fallout* delle guerra del Golfo si esaurisca, per portare avanti questo messaggio ed evitare che l'attenzione del mondo torni sulla cosiddetta *road map* per risolvere il conflitto israelo-palestinese". Purtroppo, la nomina di Abbas a primo ministro "ha luogo proprio nel momento sbagliato"; occorre quindi prendere tempo, evitando di criticarlo ma anche di riconoscerlo subito come leader moderato, in quanto, al di là delle mere dichiarazioni, "deve prima dimostrare coi fatti di essere quel partner serio e affidabile di cui Israele ha bisogno per negoziare la pace".

Seguono una serie di suggerimenti per rendere più efficace il messaggio da trasmettere all'opinione pubblica, come, ad esempio: non mancare di far riferimento ai bambini ("verrà un giorno, non lontano da oggi, in cui i bambini palestinesi e israeliani giocheranno assieme"; "non possiamo negoziare con chi uccide i nostri bambini"); mostrare di condividere la sofferenza dei palestinesi "che meritano un governo migliore e che non dovrebbero essere obbligati ad accettare leaders che rubano e ammazzano in loro nome"; insistere sui valori della democrazia che nel Medioriente è rappresentata solo da Israele.

All'epoca in cui fu redatto questo documento Epstein era il trustee (gestore fiduciario) della Fondazione ed aveva quindi il pieno ed esclusivo potere di disporre dei relativi beni. In realtà, Epstein ha ricoperto questo incarico per oltre 15 anni, dal 1991 al 2007, un ampio lasso temporale che lascia intendere che la sua gestione del patrimonio della Fondazione soddisfaceva non solo Wexner, ma anche tutti gli altri che con le loro donazioni contribuivano alla sua formazione.

Il rapporto di Epstein con Wexner era, peraltro, molto più ampio e presentava degli aspetti misteriosi sino ad oggi non del tutto sviscerati. I due cominciarono a collaborare verso la fine degli anni '80, probabilmente nel 1987. In un comunicato, rilasciato nel 2019, poco dopo l'arresto di Epstein, Wexner ha dichiarato che questi gli fu presentato e raccomandato da amici come un affidabile operatore finanziario e che decise di dargli fiducia dopo aver appreso che "ben note e rispettabili persone" erano già suoi clienti e amici.

Perché Wexner ha sentito il bisogno di fare queste non richieste precisazioni in una breve nota la cui finalità apparente era quella di dissociarsi dagli orribili misfatti di cui si era macchiato Epstein e di precisare che non ne aveva, ovviamente, mai avuto cognizione? Il messaggio trasversale sembra chiaro: dobbiamo far quadrato, perché se viene scaricato e cade uno come me, tutti gli "altri" rischiano di venir dietro.

Secondo la versione da lui fornita, Wexner, dopo il colloquio con Epstein, decise quasi seduta stante di nominarlo proprio consulente finanziario, licenziando contestualmente un certo Sandy Lewis che fino ad allora aveva ricoperto quell'incarico. Si fa fatica a dar credito a questa ricostruzione dei fatti e tutto lascia supporre che il ricorso a questa versione fantasiosa si giustifichi con l'opportunità di nascondere qualcosa.

Per cercare di ricostruire quanto realmente accaduto può essere utile mettere insieme i pezzi di informazione che abbiamo sin qui raccolto. Innanzitutto, i fratelli Bronfman e Wexner avevano stretti rapporti e conducevano un'attività complementare, e probabilmente coordinata, di lobbying a favore di Israele, avvalendosi a tal fine delle risorse conferite dalla comunità a fondazioni e charities, formalmente costituite con finalità filantropiche. A sua volta, anche Epstein aveva da anni rapporti con i Bronfman, i quali con ogni probabilità furono il tramite attraverso il quale si avviò la sua collaborazione con l'intelligence israeliana di cui abbiamo parlato nel capitolo precedente. Se ne deduce che in realtà tutti questi soggetti collaboravano in modo più o meno organico coi servizi israeliani e quindi il conferimento a Epstein dell'incarico di consulente finanziario non scaturisce da un incontro casuale e dalla successiva "folgorazione" di Wexner.

Tuttavia, se, come sembra, l'incontro fra i due non fu casuale, rimangono misteriose le "vere" finalità della loro successiva collaborazione, caratterizzata da un'incondizionata fiducia che Wexner riporrà in Epstein sino a conferirgli nel 1991 una sorta di procura generale (*power of attorney*) a gestire il suo patrimonio finanziario e immobiliare. Sulla base di questa procura Epstein poteva, apparentemente a sua discrezione, trasferire denaro, vendere e comprare proprietà, contrarre debiti, assumere personale, pagare le imposte in nome e per conto di Wexner.

Si scoprirà poi che il patrimonio finanziario di Wexner, e in particolare le azioni con cui esercitava il controllo sulla L Brand e sulle sue partecipate, era distribuito in almeno dodici charities, costituite sotto forma di trust, nelle quali Epstein compariva come gestore fiduciario (trustee). Questa parcellizzazione del patrimonio plurimiliardario era stata con ogni probabilità suggerita da Epstein, a fini fiscali e presumibilmente agli stessi fini sono da ricondurre i numerosi quanto misteriosi trasferimenti di asset da un trust all'altro. Non va dimenticato, infatti, che i versamenti nelle fondazioni sono completamente deducibili fiscalmente. Ma la costellazione di charities costituiva anche un'articolata e riservata cassaforte con la quale era possibile distribuire denaro, relativamente in incognito, non solo per opere caritatevoli.

Le uniche operazioni di questi trust di cui si ha notizia ufficiale sono le negoziazioni di titoli quotati che devono essere segnalate all'autorità di controllo del mercato (SEC) e quindi sono registrate. Ebbene, risulta che nei sedici anni in cui Epstein ha esercitato il ruolo di gestore fiduciario (1991 – 2007) sono state vendute azioni per un controvalore di 1,3 miliardi di dollari. Quale uso sia stato fatto di questo enorme bacino di liquidità e chi ne abbia beneficiato resta un mistero su cui solo Wexner può far luce.

A testimonianza del potere che aveva acquisito, Epstein ebbe anche uno scontro, uscendone vincitore, con l'onnipresente madre di Wexner che era stata da lui scalzata dal ruolo di trustee di una delle fondazioni. La madre era una presenza ingombrante nella vita di Wexner e già il suo precedente consulente finanziario, Lewis, lo aveva più volte sollecitato, senza esito, a estrometterla dai suoi affari. Qualcuno, con pretese psicoanalitiche, ha ricondotto al ruolo debordante della madre l'omosessualità che Wexner cercava in tutti i modi di nascondere in quanto, in quell'epoca *remota*, la pratica dell'*outing* era lontana anche dall'essere immaginata.

Allo scopo di celare il proprio orientamento sessuale, Wexner si faceva accompagnare nelle uscite pubbliche da una donna che, nella speranza di essere un giorno sposata, si era anche convertita all'ebraismo e aveva cambiato il suo cognome in Cohen. Ma questo non bastò alla madre che insisteva per una donna di più sicura discendenza ebraica. La scelta ricadde su Abigail Koppel, una donna plurilaureata di 25 anni più giovane di Wexner, che questi sposò nel 1993. La signora "Cohen" riferirà più tardi che Epstein si sarebbe presentato a casa sua e le avrebbe consegnato un assegno a sette cifre, ammonendola contestualmente a non contattare più Wexner.

Nell'anno in cui si sposò Wexner stava conducendo a termine un suo vecchio progetto immobiliare consistente nella realizzazione di un conglomerato di ville, costruite alla periferia di Columbus (Ohio) dove aveva sede la L Brand e destinate agli alti dirigenti della società. Epstein collaborò, c'è chi dice in maniera determinante, al completamento del "villaggio", poi nominato "New Albany" in onore della città di nascita della Koppel, e quindi acquistò egli stesso (pagandola, sembra, 8 milioni) una villa adiacente a quella che si erano riservati i coniugi Wexner. Nel 2007 la proprietà della casa fu trasferita a Wexner, senza che risulti che Espstein abbia ricevuto alcuna contropartita monetaria.

Pochi anni prima, nel 1989, Wexner aveva acquistato quella che, con le sue 40 camere, veniva considerata la più grande residenza di New York, chiamando poi noti architetti e arredatori (Thierry Despont, John Stefanidis) per ristrutturarla e riammobiliarla a fondo. I lavori durarono oltre tre anni e comportarono spese per molti milioni di dollari; al loro termine la rivista Architectural Digest dedicò dieci pagine a illustrarne l'esito. Ma, inaspettatamente, Wexner dichiarò che non era più sua intenzione abitarla, in quanto sua moglie preferiva restare nella villa di New Albany. Dopo poco tempo la cedette a Epstein, che a sua volta avviò una nuova radicale trasformazione della casa sotto la guida dell'interior designer Alberto Pinto.

Non è chiaro se e, nel caso, quanto Epstein abbia pagato per la casa di New York così come anche per il Boeing che sempre in quel periodo acquisì da una società del gruppo L Brand. Tutto lascia intendere tuttavia che quando il rapporto con Wexner si interruppe egli si sdebitò con la cessione a titolo gratuito della casa che possedeva a New Albany e con due versamenti milionari in una fondazione costituita da Abigail Koppel. Quest'ultima, dopo il matrimonio con Wexner, si era infatti affrettata a costituire proprie fondazioni con nobili finalità, fra cui nel 1998 il "Center for Family Safety and Healing" che, come spiega il relativo sito, si occupa di "contrastare tutti gli aspetti della violenza familiare, compresi gli abusi sui minori e i comportamenti inappropriati con gli adolescenti".

Nel 2007 la Koppel costituì il "YLK charity fund" il quale non ha mai operato e la cui unica funzione sembra sia stata quella di ricevere due donazioni da Epstein, tramite il "C.O.U.Q.", uno dei suoi numerosi trust. In particolare, lo YLK ricevette 14 milioni nel 2007 e altri 47 milioni nel 2008, quando i rapporti di Epstein con la famiglia Wexner si era già formalmente chiusi.

E' interessante notare come la seconda donazione ebbe luogo tramite il conferimento di azioni della Apple e, in misura più ridotta, della "Bear Stearns Asset Backed Securities Overseas Ltd", una società del gruppo della Bear Stearns con sede nelle Isole Cayman. C'è da chiedersi se Wexner fosse al corrente, come lo era invece sicuramente Epstein, che il gruppo Bear Stearns era all'epoca in gravi difficoltà, tant'è che di lì a poche settimane sarebbe fallito. Nel medio termine, tuttavia, la rivalutazione delle azioni Apple più che compensò le perdite sulla Bear Stearns.

Pochi anni prima era stato Epstein, sempre per il tramite del suo trust "C.O.U.Q.", a ricevere donazioni dalle charities di Wexner: 11,2 milioni nel 2002 dal "Wexner Children Trust" e 10 milioni nel 2004 dal "Leslie H. Wexner Charitable Fund". Sarebbe interessante sapere quali finalità benefiche e caritatevoli sottendevano questi versamenti.

5.2 L'ordine nuovo

Negli anni '80 Epstein era già un giovane più che benestante, ma nel decennio successivo sarebbe diventato molto ricco cavalcando le opportunità offerte dalla enorme dilatazione del ruolo dei mercati finanziari.

Verso la fine del decennio trovava infatti compimento la transizione, iniziata negli anni'70, verso un nuovo ordine geopolitico ed economico mondiale, in sostituzione di quello postbellico. Quest'ultimo si basava sull'equilibrio internazionale della guerra fredda e sull'adozione da parte dei paesi capitalistici di una politica economica genericamente riconducibile alle teorie keynesiane. In particolare, era condiviso un modello che prevedeva uno stretto controllo del mercato dei capitali, un moderato intervento dello Stato nell'economia anche tramite la gestione diretta di alcune produzioni e servizi, un relativamente generoso welfare, un'elevata imposizione fiscale con una modulazione fortemente progressiva e una severa regolamentazione del settore finanziario.

Questo modello funzionò molto bene per un quarto di secolo, garantendo un'elevata crescita di cui tutti beneficiarono con una riduzione delle disuguaglianze, una bassa disoccupazione e l'assenza di crisi finanziarie di rilievo. Esso andò in crisi negli anni '70 a seguito, fra l'altro, della fine del regime dei cambi fissi e della sua apparente incapacità di domare l'intervenuta crisi recessiva accompagnata da un'alta inflazione (cosiddetta stagflazione).

Vi sono degli episodi che descrivono simbolicamente la transizione. Il primo fu la decisione di Paul Volcker, Presidente della Fed (la banca centrale statunitense), di alzare significativamente (sino al 21%) i tassi di rifinanziamento allo scopo di domare un'inflazione a due cifre che imperversava da circa un decennio.

Oggi è difficile cogliere il carattere "rivoluzionario" di quella decisione, considerato che da 40 anni le banche centrali si pongono come obiettivo primario la stabilità dei prezzi, da preservare mediante interventi sui tassi. A cavallo degli anni '70 e '80 invece quella decisione apparve controversa e generò molte proteste. Essa infatti si innestava, aggravandola pesantemente, su una economia già in recessione e con un elevato tasso di disoccupazione.

Di fatto, l'inflazione fu stroncata in tempi relativamente brevi e già nel 1983 era scesa sotto il 3%, ma il prezzo pagato fu una pesante crisi economica accompagnata da un innalzamento oltre il 10% del tasso di disoccupazione.

Il secondo episodio emblematico fu la decisione di Reagan di licenziare in tronco oltre 11.000 controllori di volo che scioperavano per rivendicare aumenti retributivi in linea con l'inflazione, ma anche una riduzione dell'orario lavorativo. Era il 1981 e quell'episodio segnò una sconfitta simbolica da cui i sindacati, non solo statunitensi, non si sarebbero più ripresi. In realtà, esso certificava l'incapacità dei sindacati, e parallelamente dei partiti della sinistra tradizionale, di comprendere che l'assetto politico ed economico postbellico aveva esaurito la sua carica vitale e che il pendolo muoveva verso il suo dissolvimento. Men che mai essi si dimostrarono capaci di leggere e governare i mutamenti in corso, concependo e promuovendo un nuovo progetto di sviluppo.

Lo shock determinato dall'improvviso cambio di rotta della politica americana si riverberò sugli altri paesi occidentali, dando ulteriore slancio alle analoghe *riforme economiche* già avviate dal governo Thatcher e imponendo a Mitterand, andato al potere col partito comunista e un programma di nazionalizzazioni, di fare marcia indietro già nel 1983 e di allinearsi al nuovo *zeitgeist*.

Non deve sorprendere quindi che l'affermazione delle dottrine neoliberiste ebbe luogo senza una vera opposizione in grado di offrire delle alternative concrete. Esse furono declinate in un insieme di precetti destinati a governare l'economia mondiale nei successivi quaranta anni e che sono passati alla storia con la denominazione di "Washington Consensus".

Inizialmente, si trattava di un insieme di misure alle quali il Fondo Monetario Internazionale cominciò a subordinare il rilascio di propri prestiti in soccorso di paesi in difficoltà finanziaria, ma in seguito la loro osservanza divenne prassi per tutti paesi che intendevano operare in un economia di mercato.

Al primo posto di queste misure vi era il dissolvimento del sistema di controllo dei capitali e quindi l'apertura dei mercati nazionali agli investimenti esteri, i quali erano destinati a condizionare anche il tasso di cambio della moneta. Per salvaguardare la restituzione dei capitali in entrata si imponeva poi un dimagrimento delle funzioni statali, mediante la privatizzazione delle imprese pubbliche e un processo di deregolamentazione volto a ridurre il controllo pubblico sull'economia e sulla finanza.

Di particolare rilievo fu la privatizzazione dei sistemi previdenziali, con la conseguenza che le pensioni non furono più considerate come un diritto il cui onere era condiviso dalla collettività, ma come l'esito incerto di investimenti sul mercato, la cui selezione veniva poi, incredibilmente, ampiamente lasciata alle decisioni individuali. La conseguente nascita dei fondi pensione determinò inoltre un'enorme, e di anno in anno crescente, massa di risparmio che si riversava sui mercati, a beneficio soprattutto di chi li gestiva.

Per molto tempo sfuggì che tali trasformazioni determinavano una delegittimazione del sistema democratico a causa della parallela perdita di sovranità degli Stati. Divenne infatti nozione comunemente accettata che della capacità dei governi di "tenere i conti in ordine" non ci si può fidare in quanto troppo condizionati dalle pressioni del proprio elettorato. Questa fu la principale motivazione con la quale fu perseguita e attuata l'*indipendenza* delle banche centrali nazionali, alla quale per necessità si associò la *dipendenza* degli stati dal mercato che impose loro una sorta di servitù debitoria.

A quella che appariva come un'insopprimibile ignavia dei governi (e, implicitamente, del loro elettorato) si contrapponeva così con successo la *disciplina del mercato*, in grado di premiare o penalizzare con un clic i paesi a seconda delle loro decisioni di spesa e quindi della loro capacità stimata di restituire i finanziamenti ricevuti.

Questa esaltazione delle virtù e della *razionalità* dei mercati ha assunto poi nel tempo aspetti grotteschi. E' divenuto normale, per esempio, domandarsi con trepidazione come reagiranno i mercati a una determinata misura adottata da un governo oppure scandagliare con algoritmi sempre più raffinati i dati elementari del mercato alla ricerca delle indicazioni che tale *oracolo* è in grado di rivelare sugli sviluppi futuri dell'economia. "Market knows better" fu la formula che divenne di moda e che ben rappresentava il processo di glorificazione di questo nuovo Moloch, per acquisire la cui benevolenza sono necessarie offerte sacrificali.

Quasi contestualmente all'affermazione di questo nuovo assetto delle relazioni economico-finanziarie fra paesi, si verificò quasi inaspettata la dissoluzione dell'URSS, mettendo il sigillo definitivo all'equilibrio postbellico e conferendo ulteriore vigore alle posizioni antistataliste.

Con l'ebbrezza di considerarsi dalla parte giusta della storia, il capitalismo nella sua versione neoliberista andò affermandosi, se necessario anche con la forza, nel mondo, con la convinzione che si apriva un'epoca felice e prosperosa di cui tutti avrebbero beneficiato. Le cose, come sappiamo, non andranno così e, come abbiamo riscontrato recentemente, il Washington Consensus mieterà vittime anche nei pressi della stessa Washington.

In realtà, quello che si verificherà sarà una crescita ipertrofica del settore della finanza e un conseguente significativo trasferimento di ricchezza dal settore produttivo a quello dei rentiers, di coloro cioè che conseguono un profitto dall'investimento di propri capitali. Il passaggio di potere a favore della rendita è testimoniato anche dal regime fiscale particolarmente favorevole che essa è riuscita ad ottenere pressoché ovunque, con il paradosso che chi produce viene tassato più di chi guadagna investendo dal salotto di casa. Come ebbe a dire il noto finanziere Warren Buffett, "c'è stata una lotta di classe e l'abbiamo vinta noi".

Ma se il nuovo assetto mercatista si è rivelato particolarmente favorevole ai rentiers, esso ha rappresentato il paradiso terreno per coloro che gestiscono gli enormi flussi finanziari che si muovono quotidianamente sui mercati, i quali si sono visti spalancare le porte a rapide ed enormi fortune. Gran parte di coloro che erano riusciti a occupare per primi il campo di esercizio di queste attività gestionali apparteneva a un ristretto, ma relativamente omogeneo, gruppo il quale seppe ben presto utilizzare la propria potenza economica e finanziaria anche per condizionare a proprio favore le decisioni degli apparati politici, in taluni casi occupandoli direttamente. Con buona pace della democrazia, la progressiva corruzione endemica della classe politica americana che tali pratiche implicavano fu poi *normalizzata* da un'incredibile sentenza della Corte Suprema del 2012 che, basandosi sul primo emendamento sul diritto di parola (sic!), ha liberalizzato le donazioni senza limiti ai politici da parte di privati e imprese.

Epstein faceva parte di una componente non secondaria di questa compagine, la quale poteva avvalersi ora di crescenti mezzi finanziari per portare avanti la propria agenda politica. Il primo passo fu quello di *punire* l'ONU per l'incauta condanna del sionismo. All'epoca della delibera era Segretario dell'ONU Kurt Waldheim il quale prima non fu rieletto, come di norma, nel 1981 e poi nel 1986, quando era in corso la sua elezione a presidente dell'Austria, il Congresso Ebraico mondiale, sotto la guida di Bronfman e con Ronald Lauder ambasciatore a Vienna, lo accusò di aver mentito nella sua autobiografia circa il suo ruolo durante la guerra come ufficiale delle SA a Salonicco, da cui all'epoca furono deportati molti ebrei ad Auschwitz. Il Congresso sostenne un suo coinvolgimento sulla base di documenti della Commissione ONU sui crimini di guerra *scoperti* dal giovane Netanyahu. Fu assodato poi che Waldheim non aveva partecipato a crimini di guerra e più tardi, nel 1994, un ex funzionario del Mossad, Victor Ostrovsky, rivelò che i documenti erano in realtà stati falsificati dai servizi israeliani. L'iniziativa non ebbe seguito, ma contribuì al progetto di delegittimazione dell'ONU.

La seconda iniziativa ebbe più successo. Nel 1995 il Congresso Ebraico Mondiale accusò la Svizzera di mantenere presso le sue banche dei depositi con oro e contanti trafugati agli ebrei durante il conflitto e ne rivendicò la restituzione ai sopravvissuti all'Olocausto e ai loro eredi. Seguì una lunga trattativa in cui la posizione elvetica fu gradualmente *ammorbidita* da una dura campagna di stampa e dalla presa di posizione di molti politici americani, compreso il Presidente Clinton. Fu così istituita una commissione bilaterale presieduta dall'ex presidente della Fed Volcker. Gli svizzeri ne accettarono le conclusioni che però parvero riduttive al Congresso che a questo punto avanzò altre richieste riguardanti i profitti derivanti dal lavoro forzato presumibilmente depositati nelle banche svizzere, i quali non erano ovviamente quantificabili oggettivamente. Sottoposta a enormi pressioni finanziarie, che avevano portato anche a un indebolimento del franco, alla fine la Svizzera accettò di pagare 1,25 miliardi di dollari.

Da allora in poi l'Olocausto verrà posto al centro dell'attenzione politica; tutti i governi occidentali indiranno una giornata di commemorazione di quel terribile evento, le scuole organizzeranno visite ai campi di concentramento e, soprattutto, la condanna dell'antisemitismo entrerà nel politically correct, connotandolo come una nozione autonoma e separata da quella del razzismo e, come tale, estendibile fino a ricomprendere anche ogni critica nei confronti di Israele.

5.3 Tre fidanzate

Epstein era uno scapolo impenitente e probabilmente non solo non aveva mai preso in considerazione di sposarsi, ma nemmeno di avere una "normale" stabile relazione. Non che non gli interessassero le donne, ma evidentemente egli giudicava un legame sentimentale stretto come una limitazione alla sua libertà. Dotato di un fascino e di una personalità non comuni, molto ricco, di aspetto piacevole, apparentemente sempre allegro e con un sorriso perennemente malizioso e ironico, non aveva difficoltà ad avere successo con le donne.

Inoltre, come ricorda il suo amico Jesse Kornbluth, "in quegli anni gli ambienti finanziari di New York non erano popolati da interessanti uomini eterosessuali. C'erano molti interessanti gay, ma Jeffrey era uno dei pochi maschi eterosessuali liberi nel mondo del business". Anche per questo era ricercato e invitato a tutti gli eventi dove furoreggiava con le donne e nel contempo ampliava esponenzialmente il suo carnet di conoscenze.

Solo con tre donne Epstein si accompagnò per un periodo prolungato, ma anche con esse instaurò una relazione molto libera e lasca. Con tutte e tre, dopo la fine della relazione, mantenne un rapporto di stretta amicizia in quanto, come a lui piaceva dire, al termine della relazione le sue fidanzate "si elevano verso l'alto, non scendono in basso".

La prima fu Paula Heil Fisher, una sua collega alla Bear Stearns che poi è diventata una nota produttrice di opere teatrali e film. Sicuramente più importante e di più lunga durata fu il rapporto con Eva Andersson. Questa era nata in Svezia dove si era diplomata risultando la prima della sua classe. Successivamente affiancò l'attività di modella agli studi universitari in medicina. Nel 1980 fu eletta Miss Svezia e quindi si piazzò al quarto posto al concorso di Miss Universo. Successivamente, si trasferì negli Stati Uniti dove completò gli studi di medicina per poi cominciare a praticare in un ospedale di New York. Più tardi si impegnò, anche con l'aiuto finanziario di Epstein, per la realizzazione di un centro per la prevenzione e la cura del cancro al seno presso il Mount Sinai Hospital di New York.

Nel 1994, alcuni anni dopo la fine del suo rapporto con Epstein, la Andersson sposò Glenn Dubin, un miliardario gestore di hedge funds, il quale si dice si fosse invaghito di lei dopo aver visto una sua foto sul New York Post. Nato da una famiglia ebrea, Dubin è stato un pioniere delle nuove tecniche di gestione dei portafogli finanziari ispirate alla cosiddetta *modern portfolio theory* e volte a individuare il portafoglio con il maggior rendimento atteso una volta definito il livello di rischio che si intende sostenere.

Dubin costituì già nel 1984 un fondo con queste caratteristiche che ebbe subito un notevole successo. Nel 1992 fondò un nuovo fondo, Highbridge Capital management, che raccolse decine di miliardi e che poi, grazie alla mediazione di Epstein, fu ceduto alla JP Morgan nel 2004 per oltre un miliardo. Epstein ricevette una generosa commissione plurimilionaria per la sua mediazione.

Naturalmente, anche Dubin era impegnato in opere di filantropia e anch'egli fondò una charity, la "Robin Hood Foundation", che raccolse oltre due miliardi allo scopo, così sosteneva, di combattere la povertà in New York. Analogamente a Wexner, inoltre, egli finanziò borse di studio volte a promuovere la formazione di leaders all'interno della comunità ebraica.

I coniugi Dubin continuarono a frequentare assiduamente Epstein fino a poco prima del suo arresto nel 2019. Nel 2015 Virginia Roberts Giuffré accusò Glenn Dubin, insieme ad Epstein e altri, di abusi sessuali quando era ancora minorenne. Quando l'accusa divenne pubblica subito dopo l'arresto di Epstein, Dubin rigettò le accuse e anzi, come tutti, dichiarò di "essere inorridito dalle nuove accuse contro Epstein" e qualora fosse stato prima al corrente di "questa vile e inqualificabile condotta" avrebbe tagliato tutti i rapporti e non avrebbe consentito che Epstein frequentasse le sue figlie minorenni. Qualche anno prima, la moglie Eva aveva pubblicamente dichiarato di sentirsi al "100% a suo agio" con la frequentazione dei suoi figli da parte di Epstein, dei quali, fra l'altro, sarebbe stato il padrino e che essi chiamavano affettuosamente "zio F".

Come già ricordato, Epstein fece diverse donazioni, attraverso i suoi trust, al centro di prevenzione e cura del tumore al seno creato dalla Andersson. A tal fine, come la moglie di Wexner, questa costituì una fondazione, "Celina Dubin United Fund", che non ha mai operato e che ebbe come unico contributore la "J.Epstein Virgin Islands Foundation".

Dopo la morte di Epstein, Dubin decise nel gennaio 2020 di ritirarsi a vita privata e quindi al riparo dei riflettori pubblici, sperando che l'attenzione sulla sua frequentazione di Epstein decantasse. La stessa decisione è stata presa da Wexner sempre nel 2020.

La terza donna che è stata a lungo vicino ad Epstein è sicuramente la più nota: Ghislaine, la figlia prediletta del magnate dell'editoria e spia di Israele Robert Maxwell. Cresciuta nel lusso e avvalendosi dell'ampia rete di relazioni del padre, Ghislaine mostrò ben presto un'indole orientata alla mondanità che le consentiva di frequentare brillantemente i salotti più esclusivi dell'alta società britannica. Numerose foto risalenti agli anni '80 la mostrano accanto a componenti della famiglia reale, compresa la Regina Elisabetta, politici, artisti e imprenditori.

Al contrario degli altri sei fratelli, Ghislaine era molto stimata dal padre che amava averla al suo fianco. Così, quando Robert Maxwell, verso la fine degli anni '80, decise di allargare i suoi interessi agli Stati Uniti, acquistando fra l'altro la casa editrice Macmilian, Ghislaine lo accompagnò nei suoi viaggi in quel paese, affiancandolo negli incontri con imprenditori e politici americani e partecipando con lui a eventi mondani.

Nel 1989 Robert Maxwell volle mettere un sigillo alle sue nuove entrature nell'establishment statunitense, organizzando un party sontuoso nella baia di New York a bordo del suo yacht Lady Ghislaine, che aveva da poco acquistato da un fratello di Adan Kashoggi. Nell'occasione fu esibito un lusso sfrenato e si racconta di ostriche freschissime fatte arrivare col Concorde direttamente dalla Francia. Ghislaine fu la padrona di casa di quel party, all'epoca celebrato dalla stampa, il cui ospite d'onore fu Donald Trump. L'evento era naturalmente un investimento agli occhi di Maxwell e la giovane Ghislaine pareva esserne ben consapevole

Meno di due anni dopo e pochi mesi prima di affogare nelle acque delle Canarie, Robert Maxwell consolidava oltreoceano il suo impero editoriale acquistando il *New York Daily News;* nell'occasione, a riprova del ruolo di "vero erede" che egli attribuiva ormai alla figlia, la inviò negli Stati Uniti a rappresentarlo nell'evento in cui veniva annunciata la nuova proprietà. Analogamente, fu lei nel maggio '91 a rappresentare la famiglia a una cerimonia a New York in onore del *cacciatore di nazisti* Simon Wiesenthal.

Dopo la morte del padre nel novembre del 1991, Ghislaine si trasferì quasi immediatamente a New York, dove trovò ad accoglierla Epstein. Non si può escludere che dietro questa decisione vi fosse una regia dei servizi israeliani i quali avevano interesse a mantenere in vita la rete di relazioni che Robert Maxwell, col supporto della figlia, aveva costruito all'interno dell'establishment statunitense.

Ghislaine aveva conosciuto Epstein anni prima, quando questi fu arruolato dal padre nell'intelligence israeliana e, probabilmente, lo incontrò nuovamente in occasione dei suoi viaggi a New York a cavallo degli anni '80 e '90. La loro relazione, prima sentimentale e poi di strettissima amicizia, durerà circa 15 anni a testimonianza di molti tratti comuni e di una sorprendente complementarità per gli aspetti in cui differivano.

Entrambi erano ambiziosi, amavano gli agi e la bella vita ed erano fortemente disinibiti in ambito sessuale, come dimostra il loro rapporto molto "libero". Ghislaine tuttavia, dopo lo scandalo finanziario scoperto dopo la morte del padre, poteva usufruire solo di una rendita annuale di 100.000 dollari a carico di un trust. Per lei si trattava di una somma risibile e comunque assolutamente insufficiente a sostenere la sua vita sociale.

Epstein le assicurò quella sicurezza finanziaria che le consentì di sviluppare appieno le sue capacità relazionali con un adeguato status economico.

Epstein invece, contrariamente a quanto si potrebbe supporre, non si trovava a suo agio negli eventi mondani, ai quali si presentava sempre in ritardo, si sedeva in un angolo a osservare gli altri ospiti ed era fra i primi a congedarsi. Questo gli aveva impedito di allargare la sua rete di conoscenze oltre l'ambiente finanziario. Così, quando nel 1990 acquistò per 2,5 milioni una villa a Palm Beach incontrò difficoltà a inserirsi in quella comunità snob che lo considerava un *parvenu* a causa delle sue modestissime origini. La Maxwell sopperì brillantemente a queste sue difficoltà, consentendogli di introdursi negli ambienti più esclusivi e di ampliare enormemente il numero e l'importanza dei contatti registrati nella sua agenda.

Questa loro complementarità ne fece una coppia estremamente solida ed efficace che ben presto arrivò a frequentare da pari a pari gran parte dell'élite internazionale della finanza, della politica, dello spettacolo e del mondo accademico. Come Epstein ben presto constatò, l'appartenenza a questo Gotha significava moltiplicare le occasioni di affari e consentiva di avere i contatti "giusti" per risolvere ogni tipo di problematica. O quasi.

Per molti anni la Maxwell divenne di fatto la padrona delle molte case possedute da Epstein, gestendo il personale e occupandosi delle più minute incombenze. Allo stesso tempo, era sempre al suo fianco nei parties e negli eventi ufficiali, come per esempio la visita alla Casa Bianca durante la presidenza Clinton o la partecipazione a una festa di compleanno della regina Elisabetta nel castello di Windsor. Avvalendosi poi dei contatti acquisiti accompagnando suo padre, fu lei a presentare Epstein a note personalità dell'élite britannica e statunitense, come ad esempio il principe Andrew e Donald Trump.

Quest'ultimo possedeva una lussuosa villa di 128 stanze a Mar-a-Lago non distante da quella di Epstein a Palm Beach. Ghislaine lo aveva conosciuto alla fine degli anni '80 e probabilmente aveva avuto un breve flirt con lui, com'è d'uso in quegli ambienti. Fu sicuramente uno dei primi a essere presentato a Epstein e in breve sorse una relazione amichevole fra i due che si protrarrà per una dozzina di anni.

Vi sono diverse immagini e filmati che mostrano Trump ed Epstein sorridenti fianco a fianco, talora accompagnati da Ghislaine e a quella che sarebbe divenuta l'ultima moglie di Trump, Melania, che, si dice, gli sia stata presentata proprio da Epstein. In particolare è noto un breve filmato del 1992, quando Trump stava divorziando dalla prima moglie Ivana, in cui i due si scambiano opinioni, apparentemente salaci, su un nutrito gruppo di belle ragazze danzanti convenute a una festa a Mar-a-Lago.

In un'intervista rilasciata nel 2002 Trump, richiesto di un giudizio su Epstein, disse: "Conosco Jeff da quindici anni. Un ragazzo fantastico. È molto divertente stare con lui. Si dice persino che gli piacciano le belle donne tanto quanto a me, e *molte di loro sono molto giovani*. Non ci sono dubbi: Jeffrey si gode la vita ". Qualche tempo dopo, per motivi mai chiariti, la loro amicizia si ruppe e non si frequentarono più.

Questa insana e ossessiva passione per le ragazze molto giovani, soprattutto minorenni, rappresentava il lato più oscuro della già complessa personalità di Epstein. Ma quello che più sorprende è come anche Ghislaine si sia lasciata coinvolgere in queste pratiche perverse, fra l'altro in modo continuativo, senza rendersi conto che i costumi, e a seguire le norme e la loro applicazione, stavano diventando più severi e che, a differenza del passato anche recente, neanche ai potenti era più consentito di violare i tabù del momento.

Come sospesi in una realtà separata, nella quale la ricchezza e le amicizie altolocate avrebbero dovuto garantire un'impunità non concessa al resto della popolazione, Epstein e la Maxwell per almeno dodici anni reclutarono giovanissime ragazze per pratiche sessuali, senza neanche peritarsi di tenere riservati questi comportamenti.

Colpisce poi il carattere rituale con cui si svolgevano i rapporti fra Epstein e queste ragazze. Da quello che alcune di loro hanno deciso molti anni dopo di rendere noto emerge la ripetizione quasi ossessiva dello stesso copione: la ragazza viene fatta accomodare in una stanza destinata a massaggi dove poco dopo la raggiunge Epstein che si stende sul lettino e la invita a iniziare a massaggiarlo a partire dai piedi e dalle gambe; quindi chiede alla giovane di spogliarsi, prima rimanendo in indumenti intimi e poi togliendosi anche quelli; raramente le ragazze vengono toccate da Epstein che si limita a masturbarsi sotto l'asciugamano. Conclusa questa routine, la giovane viene congedata con 200 dollari e la promessa di una somma analoga qualora porti un'amica.

Solo alcune di queste giovani verranno "arruolate" in modo stabile con la qualifica di "assistenti" e diventeranno una presenza costante al fianco di Epstein. Fra queste, Sarah Kellen, Adriana Ross, Lesley Grof e Nadia Marcinkova. In cambio di obbedienza e lealtà, Epstein concedeva loro uno status privilegiato, le faceva partecipare agli agi e ai lussi della sua vita quotidiana e considerava parte del "contratto" assicurare loro piena protezione. Ne fa fede un episodio occorso nel 2002 quando Epstein cacciò dall'isola di Little St James Harwey Weinstein – il produttore cinematografico che verrà molti anni dopo condannato per plurime violenze sessuali – dopo che questi aveva pesantemente *importunato* una delle sue "assistenti". Dopo l'arresto di Epstein la loro posizione si è fatta delicata essendo state accusate di connivenza e complicità nel reclutamento delle ragazze. Tutte si sono difese sostenendo di essere state anche loro vittime di Epstein e dei suoi abusi.

La Maxwell sarà a sua volta accusata di aver partecipato agli abusi e, soprattutto, di essere stata per molti anni una reclutatrice seriale di giovani donne da portare in pasto a Epstein. Tuttavia, è difficile credere che, come da qualcuno sostenuto, una donna come lei abbia passato le sue giornate a girare le città alla ricerca di ragazze cui proporre una ricompensa per un massaggio. E' più probabile invece che abbia ingaggiato delle giovani incontrate casualmente e questo è verosimilmente il caso di Virginia Roberts.

Virginia aveva alle spalle una situazione di degrado familiare e fu sostanzialmente "venduta" dal padre ancora impubere a un certo Ron Eppinger, un agente immobiliare di Palm Beach il quale sarà poi condannato per traffico internazionale di minori. Dopo una terribile esperienza in un istituto per la disintossicazione dagli oppiacei, fu assunta, allora quindicenne, come guardarobiera in una spa a Mar-a Lago di proprietà di Trump. Fu qui che nel 1998 incontrò la Maxwell che le propose di andare a lavorare come massaggiatrice da Epstein.

La Roberts accettò con entusiasmo l'offerta e il giorno successivo fu accompagnata dal padre alla villa di Epstein. Per circa quattro anni divenne una delle "assistenti" di Epstein, alloggiando nelle sue case, accompagnandolo nei suoi viaggi e, secondo quanto lei riferirà in seguito, soddisfacendo i desideri sessuali anche di suoi amici e amiche.

Il rapporto si interruppe nel 2002, quando, secondo quanto da lei raccontato molti anni dopo, la Roberts riuscì a fuggire dalla condizione di "schiavitù sessuale" in cui era costretta, convincendo Epstein e la Maxwell a lasciarla andare in Tailandia con l'impegno di portare indietro una massaggiatrice. Il caso volle poi che in quel viaggio incontrasse Robert Giuffré, di cui si innamorò subito e che sposò una settimana dopo, trasferendosi poi con lui in Australia. E' difficile dare credito a questa ricostruzione e sorprende che essa sia stata accolta senza obiezioni da molti giornali e dagli stessi investigatori.

Alcuni anni dopo, nel 2007, quando era in corso la prima indagine a carico di Epstein, La Roberts fu raggiunta in Australia da telefonate, prima della Maxwell e poi dello stesso Epstein, con cui le veniva chiesto se era stata contattata dalla polizia e la si invitava a "stare tranquilla". Pochi giorni dopo fu l'FBI a telefonarle, ma lei si rifiutò di rispondere sostenendo che non poteva verificare le credenziali dell'interlocutore. Molti mesi dopo, fu la polizia australiana che bussò alla sua porta, ma anche in quel caso si rifiutò di collaborare.

Più fortuna ebbero alcuni anni dopo gli avvocati che la contattarono chiarendole che aveva davanti due alternative: o rischiare di essere considerata corresponsabile dei delitti di Epstein o dichiararsi vittima e chiedere un generoso risarcimento. Fu così che intentò nel 2011 una causa civile per danni contro Epstein e la Maxwell, alla quale aderirono successivamente altre ragazze, che si chiuse con un accordo extragiudiziale i cui termini economici non sono stati resi noti.

L'anno successivo, ormai milionaria, anche la Roberts costituì una sua fondazione, chiamandola "Victims Refuse Silence".

All'epoca di questa causa, cui ne seguiranno altre intentate dalla stessa Roberts e da ulteriori vittime, i rapporti fra Epstein e la Maxwell si erano da alcuni anni diradati, per non dire interrotti. Intorno al 2007 lei si era legata sentimentalmente con Ted Waitt, il miliardario fondatore di Gateway Inc., un'importante società di computer, monitor e server poi ceduta alla società taiwanese Acer. Anche per il tramite di Waitt aveva mantenuto un rapporto di frequentazione della famiglia Clinton. Waitt era infatti amico dell'allora fidanzato e futuro marito di Chelsea Clinton, Marc Mezvinsky, che, come d'uso, era un miliardario gestore di hedge fund di origine ebrea. Le cronache raccontano di una crociera favolosa che le due coppie fecero nel 2009 sullo splendido yacht di Waitt e che l'anno dopo Maxwell col suo fidanzato fu una degli ospiti d'onore del matrimonio di Chelsea.

Apparentemente, la prima causa della Roberts non aveva avuto ripercussioni sulla vita sociale della Maxwell e questo nonostante il New York Post avesse reso noto che la notifica di quel procedimento giudiziario le era stata recapitata mentre partecipava a un evento organizzato dalla Fondazione dei Clinton. Di fatto, per alcuni anni ancora ella mantenne una presenza costante nei parties e negli eventi dell'élite newyorkese. Foto risalenti all'epoca la ritraggono accanto a personaggi del calibro di Lloyd Blankfein, CEO della Goldman Sachs, e di Michael Bloomberg, allora sindaco di New York.

A partire dal 2011, quando si separò da Waitt, i rapporti coi Clinton cominciarono tuttavia a scemare sino a chiudersi del tutto. Fu in quell'anno che Maxwell decise di costituire anch'essa una propria fondazione con nobili finalità, la

TerraMar Project con cui voleva contribuire a salvare i mari dall'inquinamento e forse anche un po' la propria reputazione.

La situazione precipitò nel 2015, quando la Roberts intentò una nuova causa contro la Maxwell, questa volta per diffamazione. La copertura mediatica che fu data a questo procedimento e le nuove sensibilità emergenti la resero un paria, una persona che era disdicevole frequentare. Anche la nuova causa si chiuse con una transazione il cui importo non è stato rivelato, ma da allora la Maxwell scomparve dalla scena sociale e l'anno dopo vendette anche la sua casa in New York.

Dopo la morte di Epstein la Maxwell promosse una causa contro i suoi esecutori testamentari sostenendo che, quando in vita, egli si era impegnato a rifonderle tutte le spese legali sostenute per difendersi dalle accuse di reclutamento e abuso sessuale di minorenni. L'istanza fu rigettata dai giudici in quanto infondata nei presupposti. Nel 2020, dopo una lunga latitanza, è stata arrestata.

Alla fine del 2021, pochi giorni dopo aver compiuto, nella ricorrenza di Natale, il suo sessantesimo compleanno, è stata riconosciuta colpevole, in un processo senza storie, di cinque capi di imputazione tutti riconducibili al reato di traffico di minori, per i quali le è stata comminata una condanna di venti anni di prigione. Al processo sono state chiamate a testimoniare contro la Maxwell quattro donne, ma, stranamente, la Procura ha rinunciato a chiedere la testimonianza della sua "grande accusatrice", Virginia Roberts. Tutti i commentatori hanno interpretato tale omissione come un riconoscimento da parte dell'accusa dell'inaffidabilità di almeno alcune delle sue ricostruzioni dei fatti.

6. L'AMICO DI PRINCIPI E PRESIDENTI
La globalizzazione

> *Jeffrey è un investitore di grande successo e al contempo un filantropo impegnato, con un acuto senso dei mercati globali e una conoscenza approfondita della scienza del XXI secolo*
> (Bill Clinton)

6.1 I baby boomers prendono il potere

Dopo che Reagan ebbe esaurito i suoi due mandati, si sfidarono alle elezioni del 1988 George H. W. Bush e Michael Dukakis. Entrambi erano nati negli anni '30 e ben rappresentavano le posizioni storiche della sinistra e della destra americana. Dukakis, in particolare, era contrario alla pena di morte, intendeva introdurre dei limiti al possesso di armi da parte dei privati e non era pregiudizialmente contrario a un maggior intervento statale nell'economia. Bush lo batté agevolmente, anche a causa di alcune gaffe nella campagna elettorale.

Nonostante alcune caute aperture al neoliberismo, Bush fu l'ultimo presidente che rimase fedele all'assetto geopolitico ed economico del dopoguerra. Esemplare a tal proposito è l'approccio da lui seguito per l'intervento in Iraq dopo che Saddam Hussein aveva invaso il Kuwait. La spedizione militare ebbe luogo sotto l'egida dell'ONU e fu condotta da una coalizione di cui facevano parte i paesi NATO, stati arabi e anche l'URSS che di lì a poco si sarebbe dissolta. Conformemente al mandato ONU, la missione si concluse inoltre con la liberazione del Kuwait e, con grande scorno dei neoconservatori, lasciò al potere Saddam. Sarà l'ultima volta che gli Stati Uniti accettarono di effettuare un intervento militare su mandato dell'ONU e assoggettandosi alle regole del diritto internazionale.

Nelle successive elezioni Bush fu sconfitto, pagando le conseguenze della crisi economica in corso e, soprattutto, della decisione di alzare le tasse nonostante la promessa contraria fatta in campagna elettorale: *"Read my lips - No New Taxes"*. Concorse alla sua sconfitta anche la partecipazione alle elezioni del conservatore indipendente Ross Perot che ottenne circa il 20% dei voti.

Quelle elezioni furono invece vinte dal democratico Bill Clinton. Se si esclude la non felice parentesi di Carter, la cui presidenza fu favorita dallo scandalo Nixon, era dai tempi di Johnson che i democratici non conquistavano la presidenza. Questa lunga astinenza era la conseguenza dell'incapacità della sinistra americana di comprendere e quindi governare i cambiamenti strutturali che erano intervenuti nella società a partire dagli anni '70. Clinton ebbe l'accortezza di presentarsi come un "nuovo democratico", prefigurando una sorta di terza via: "il cambiamento che io desidero e che noi tutti insieme dobbiamo costruire non è né liberale né conservatore. E' differente, ed è entrambi".

Con Clinton si concludeva la parabola dei baby boomers, che egli rappresentava per la prima volta al vertice dello Stato; coloro che contestavano il potere ne sono stati poi sedotti e quello che era un attacco allo "Stato padrone e repressivo" fu rielaborato all'interno della dottrina liberista, per definizione antistatalista. Si trattava di una transizione simile, ma un po' più soft, di quella che alcuni avevano già fatto approdando al fronte dei neoconservatori, dai quali la nuova sinistra si differenzierà soprattutto per una leggera maggiore propensione al ricorso alla leva fiscale e, ma solo più tardi nel XXI secolo, per una difesa appassionata dei cosiddetti *diritti civili*.

La generazione dei baby boomers è stata una delle più fortunate della storia, essendo cresciuta in un lungo periodo di pace e di crescente e diffuso benessere. Essa ha beneficiato dei privilegi normativi ed economici introdotti, forse incautamente, nel periodo d'oro postbellico e, quando essi si sono rivelati non più sostenibili, ha fatto ricorso al debito per mantenerli in vita, scaricando sulle generazioni future il doppio onere dell'aggiustamento e del rimborso dei debiti. Esemplare è il caso delle pensioni.

I coniugi Clinton ben rappresentarono la propria generazione, partecipando alle manifestazioni contro la guerra in Vietnam, difendendo i diritti della popolazione di colore, aderendo alle posizioni femministe dell'epoca e per un certo tempo indugiando nella cultura hippy. Man mano che entravano nelle stanze del potere – Clinton è stato il più giovane Governatore di uno Stato della storia americana – i capelli si accorciarono, i vestiti tornarono quelli d'ordinanza e lei idee radicali furono progressivamente stemperate.

Non sorprende quindi che poco dopo la sua elezione a Presidente Clinton abbia promosso una legge (*Crime Bill*) con la quale cercava di ribattere alle accuse di eccessiva condiscendenza dei democratici nei confronti della criminalità. La legge, la cui bozza fu redatta dall'allora senatore e futuro presidente Joe Biden, introdusse, fra l'altro, 60 nuovi reati punibili con la pena di morte e aggravò le pene previste per molte altre fattispecie di reato, stanziò fondi per la costruzione di nuove carceri e per l'assunzione di nuovi secondini, aumentò i fondi per la polizia e istituì l'iscrizione in un pubblico registro di coloro che avevano commesso crimini di natura sessuale con una sezione speciale per i crimini contro i minori. Le legge prevedeva anche il bando della vendita a privati di armi belliche, ma la norma decadde nel 2004 e non fu mai rinnovata.

Il Crime Bill determinò un'ondata di arresti, soprattutto fra la popolazione di colore, e aumentò a dismisura il numero delle persone incarcerate che arrivarono a superare l'1% della popolazione, un record mondiale. Una dozzina di anni dopo, mentre era in corsa per la candidatura democratica alla presidenza, Hillary Clinton sostenne, senza pudore, che era ora di "mettere fine all'era delle incarcerazioni di massa", proponendo poi una riforma della giustizia che emendasse profondamente il Crime Bill.

Nel 1996 Clinton, sempre per consolidare la sua immagine di moderato, promulgò il *Defence of Marriage Act* dove veniva ribadito che il matrimonio può aver luogo solo fra un uomo e una donna. A conferma della rapidità con cui i costumi sono poi cambiati, Hillary ancora nel 2002 si dichiarava contraria ai matrimoni fra persone dello stesso sesso, salvo poi, con una piroetta camaleontica, divenirne una convinta sostenitrice a partire dal 2013.

Gli anni della presidenza Clinton furono anni di sostanziale pace e di crescita economica. La ricetta neoliberista sembrò all'epoca inattaccabile sia da destra che da sinistra (il cosiddetto "pensiero unico") e, conformemente, l'amministrazione Clinton procedette senza esitazioni a una progressiva deregolamentazione del sistema finanziario sino all'abolizione nel 1999 del Glass-Steagall Act, promulgato nel 1933 sulla scorta della lezione della crisi del '29, che prevedeva, fra l'altro, una netta separazione fra l'attività bancaria tradizionale e quella d'investimento. Come avremmo appreso più tardi, questa decisione contribuirà alla genesi della grave crisi finanziaria del 2008.

Nel 1998 scoppiò lo scandalo Lewinsky e divenne di pubblico dominio che Clinton aveva intrecciato una relazione con la giovane stagista con la quale aveva condiviso pratiche sessuali mentre era al lavoro nella Stanza Ovale. Si trattava di una perfetta rappresentazione dello spirito *Yuppie* del tempo. Seguì l'avvio di una procedura di *impeachment* dalla quale fu assolto dal Senato che non raggiunse la maggioranza di due terzi necessaria per incriminarlo. Ma per l'assoluzione dovette pagare dazio.

A fine '98 Clinton rispolverò la pratica Saddam Hussein, tanto cara ai neoconservatori e a Israele, promulgando l'*Iraq Liberation Act,* con il quale si auspicava un cambio di regime in Iraq, prefigurando a tal fine un intervento militare americano, e veniva coniato il termine "armi di distruzione di massa" che poi tornerà di moda pochi anni dopo. Giusto per dare concretezza alle minacce, ordinò poi nel 1999 una serie di bombardamenti sul paese.

Ma l'atto che lascerà un marchio negativo sulla sua presidenza fu quello emanato una manciata di ore prima dalla fine del suo mandato con cui concesse ben 141 grazie e 36 commutazioni di pena. Fra i beneficiari vi era il fratellastro Roger, incappato in una storia di droga e che solo un mese dopo il perdono fu nuovamente arrestato per guida in stato di ebbrezza. Un altro beneficiario fu Carlos Vignali, condannato a 15 anni per traffico internazionale di cocaina, ma appartenente a una ricca e potente famiglia ispanica che, si scoprì dopo, aveva versato 400.000 dollari al fratello di Hillary affinché intercedesse per la grazia.

Il provvedimento che creò maggiore scandalo e indignazione fu tuttavia la grazia concessa a Marc Rich, il trader di materie prime che, come abbiamo già ricordato nel capitolo 4, era stato a suo tempo incriminato per una molteplicità di reati fra cui la violazione dell'embargo verso l'Iran anche nel periodo in cui il personale dell'ambasciata americana a Teheran era posto sotto sequestro. Che cosa mai avrà indotto Clinton a firmare un provvedimento così impopolare?

Sarà lui stesso a chiarirlo un anno dopo in una lettera aperta al New York Times con la quale intendeva placare le forti polemiche insorte dopo la grazia. Nella lettera Clinton escludeva con sdegno che vi fosse stato un *quid pro quo* con riferimento alle donazioni effettuate dalla moglie di Rich: un milione di dollari al Partito Democratico, 100.000 alla campagna elettorale di Hillary per il Senato e 450.000 alla Clinton Library Foundation. No, il motivo vero della decisione, aggiungeva candidamente Clinton, è che "molti attuali ed ex funzionari israeliani di alto rango di entrambi i principali partiti politici nonché i leader delle comunità ebraiche in America e in Europa hanno sollecitato il perdono del signor Rich in considerazione dei suoi contributi e servizi alle iniziative di beneficenza israeliane, agli sforzi del Mossad per salvare ed evacuare gli ebrei da paesi ostili e al processo di pace attraverso la sponsorizzazione di programmi educativi e sanitari a Gaza e in Cisgiordania".

A conferma di come queste pressioni fossero un argomento sufficiente a convincere Clinton, pochi mesi dopo Netanyahu in una conversazione coi suoi collaboratori, registrata a sua insaputa e poi resa pubblica dall'Huffington Post, dopo aver sostenuto che i palestinesi devono essere sottoposti a sofferenze "insopportabili" e solo dopo si potrà trattare con loro, rispose così a chi gli chiese quale sarebbe stata la reazione degli Stati Uniti a tale politica: "Non ci saranno problemi. Specialmente oggi, l'America è facilmente manovrabile e indirizzabile nella giusta direzione". Lo dimostrerà molti anni dopo, quando tenne un discorso dinanzi al Congresso statunitense con cui criticò ferocemente la politica mediorientale del Presidente Obama, in particolare l'accordo sul nucleare con l'Iran, e alla fine ricevette un'interminabile ovazione *bipartisan*.[1]

Pochi giorni prima della fine del suo mandato, Obama si prese la sua rivincita favorendo la presentazione al Consiglio di Sicurezza dell'ONU di una mozione di condanna degli

---

[1] L'episodio si ripeterà nel 2025 quando, mentre era in corso la carneficina dei palestinesi a Gaza e con un mandato di arresto emesso dalla Corte Penale Internazionale, Netanyahu ha tenuto un discorso dinanzi al parlamento riunito statunitense con i deputati e senatori che si sono tutti alzati in piedi ben 17 volte per applaudirlo osannanti.

insediamenti israeliani nei Territori Occupati della Cisgiordania. Tutti gli altri paesi si affrettarono naturalmente a cogliere questa rara occasione e appoggiarono la mozione che passò all'unanimità con l'astensione degli Stati Uniti. Ma si trattò di una decisione simbolica che non ebbe alcun effetto. L'ONU era stato ormai da tempo delegittimato a risolvere le contese internazionali.

Tornando a Rich, sembra che tutta la comunità ebraica mondiale si sia effettivamente compattata, a prescindere dalle diverse posizioni politiche, per mobilitarsi in suo favore. E' lo stesso Clinton a elencare i nomi di alcuni degli esponenti della comunità che si spesero per questa causa. Fra i tanti nomi di prestigio spicca quello di Lewis "Scooter" Libby, che Clinton definisce nella lettera "distinguished republican lawyer". Ben introdotto nella comunità ebraica e allievo di Paul Wolfowitz, Libby era una figura di primo piano dei neoconservatori. Quando questi "occuparono" nel 2001 gli uffici chiave dell'amministrazione e dei ministeri del Presidente George W. Bush, Libby assunse il cruciale incarico di capo di gabinetto del vicepresidente Cheney.

Avvalendosi di tale incarico, Libby fu uno dei principali artefici della deliberata e oscena campagna di disinformazione volta a giustificare l'intervento in Iraq. Fra i tanti filoni di tale campagna vi era l'asserito acquisto di uranio da parte di Saddam in Niger. Il diplomatico Joseph Wilson che fu inviato sul posto escluse pubblicamente al termine dell'indagine che tali acquisti avessero avuto luogo. Fu allora che per punirlo Libby fece filtrare al New York Times un'informazione secondo la quale a suggerire tali conclusioni era stata la moglie di Wilson, Valeria Plame, rivelando implicitamente la sua posizione di agente della CIA nello stesso paese e mettendone in pericolo l'incolumità. Dopo una lunga vicenda giudiziaria, Libby fu condannato nel 2017 a trenta mesi di carcere, ma dopo meno di un mese fu graziato da Trump.

Nonostante questo e altri incidenti, la campagna di disinformazione ebbe successo, almeno negli Stati Uniti. Quando fu avviata l'invasione dell'Iraq il 60% degli americani era stato convinto che Saddam fosse un alleato organico di Al Qaeda e che fosse quindi coinvolto nell'attacco alle torri.

6.2 Una vita da pascià

Gli anni '90 e i primi del 2000 furono anni felici per il baby boomer Epstein che in quel periodo si giovò dello sviluppo dei mercati finanziari per accrescere la sua ricchezza e ampliò significativamente le sue relazioni sociali. Fu in quegli anni che egli acquisì le sue lussuose abitazioni in New York, Palm Beach e Parigi, l'enorme ranch nel New Mexico, i due aerei e l'elicottero, un'isola nelle Virgin Islands.

Epstein amava la bella vita e gli agi, ma rifuggì sempre dall'esibizionismo pacchiano del lusso tipico di molti arricchiti, come dimostra l'arredamento delle sue case che rivelava equilibrio e buon gusto condito con qualche licenza di moderata eccentricità. Nella vita quotidiana seguiva una disciplina salutista: appena alzato praticava quotidianamente 75 minuti di yoga con il suo istruttore personale, si nutriva solo di cibi selezionati e sani e aborriva mangiare nei ristoranti, non faceva uso di droghe, non fumava e non beveva alcolici di alcun tipo e, naturalmente, si sottoponeva a sessioni di massaggi almeno una volta al giorno. Il suo abbigliamento era sempre informale e casual, come testimoniano tutte le sue foto in cui appare in jeans anche in parties eleganti. Egli stesso ha raccontato che al termine del primo mandato si dimise dal consiglio di amministrazione della New York's Rockfeller University perché era costretto a indossare la cravatta quando partecipava alle riunioni.

In quegli anni Epstein aveva assunto altri incarichi di prestigio in importanti istituzioni. E' stato per molti anni membro della *Trialteral Commision*, un importante *think tank* fondato da Rockefeller che raggruppa personalità di prestigio dell'America del nord, dell'Europa e del Giappone. Ha fatto inoltre parte del board della *New York Academy of Science* ed è stato membro fino al 2009 del *Council on Foreign Relations*, un altro prestigioso e influente *think tank,* editore, fra l'altro, della nota rivista *Foreign Affairs.* Si tratta di istituzioni importanti e riservate in cui non si entra su domanda, ma solo per cooptazione sulla base di un attento scrutinio. La presenza in esse di Epstein costituisce quindi una chiara dimostrazione di quanto egli fosse inserito nelle élite statunitensi.

Alcune dichiarazioni rilasciate in passato da Alan Dershowitz, prestigioso professore di giurisprudenza ad Harvard, forniscono squarci di luce sulla vita privata di Epstein e su come lui gestisse le sue relazioni. Dershowitz racconta che ha conosciuto Epstein per il tramite di Lynn Forester, alta dirigente nel settore delle comunicazioni, futura moglie di Robert de Rothschild e presenza fissa nei salotti newyorkesi. La Forester si era a suo tempo invaghita di Epstein e lei stessa riferisce che dopo aver avuto nel 1995 l'opportunità di incontrare brevemente il presidente Clinton a un ricevimento sentì il bisogno di inviargli il giorno successivo una breve lettera in cui diceva: "E' stato un piacere incontrarla. Avendo tuttavia utilizzato i miei 15 secondi di contatto diretto per parlare di Epstein e della stabilizzazione valutaria, ho trascurato di parlarle del tema che mi stava più a cuore...".

Come ricorda Dershowitz, la Forester gli telefonò sul finire degli anni '90 per dirgli che il suo caro amico Epstein stava venendo a Boston e desiderava incontrarlo avendo avuto ottime referenze su di lui. Dershowitz, prima restio, alla fine si lasciò convincere. La sera stessa Epstein si presentò a casa sua con una bottiglia di Dom Pérignon sotto il braccio, colloquiò amabilmente con sua moglie e i suoi figli e quindi si appartò con lui per discutere di problematiche accademiche e in particolare di come stesse mettendo a punto un progetto di psicologia evolutiva. Dershowitz, che da allora diverrà suo amico, comprese che Epstein voleva non soltanto conoscerlo, ma anche essere introdotto negli ambienti di Harvard.

Qualche tempo dopo, Epstein gli telefonò per invitarlo a una cena di compleanno da Wexner, nell'Ohio. Passò quindi a prelevarlo col suo aereo a Boston e poi si diressero a New Albany. Quando si presentarono alla cena, Dershowitz si stupì che non fosse presente la moglie di Wexner e che i pochi ospiti fossero tutti maschi. Fra di essi spiccava la presenza dell'ex primo ministro e futuro presidente di Israele Shimon Peres e la conversazione si concentrò sulle problematiche del Medio Oriente, sulle quali Dershowitz si trovò a suo agio essendo un convinto sionista. Finita la cena, Epstein riaccompagnò col suo aereo l'amico a Boston. Come altri hanno confermato, egli usava un aereo da trenta milioni allo stesso modo con cui si prende l'auto.

L'amicizia fra i due si consoliderà nel tempo e, nonostante Dershowitz sia stato poi accusato di aver anch'egli abusato di minorenni sull'isola di St James, sarà uno dei pochi che, pur dichiarandosi innocente e all'oscuro dei crimini attribuiti ad Epstein, non disconoscerà i suoi stretti rapporti con lui e continuerà a elogiarne le virtù: "ho scritto oltre 20 libri, ma Epstein sarebbe la prima persona a cui farei leggere le bozze del prossimo". Alla fine, nel 2020, ha ceduto anche lui e ha fatto atto di contrizione pubblica per aver coltivato quell'amicizia.

Fra le virtù che molti attribuivano a Epstein vi era la capacità di comprendere e governare rapidamente problematiche complesse. Marshall Rose, l'investitore immobiliare che collaborò con lui nel progetto di New Albany, osservò a suo tempo che Epstein "digerisce e decodifica le informazioni con estrema rapidità, il che mi appare straordinario considerato che i nostri meetings sono molto brevi". A conferma della sua velocità decisionale, Joseph Kusnan, un gestore di portafogli finanziari che lavorava con Dubin, racconta di essersi recato alla residenza di New York di Epstein per illustrargli e proporgli un investimento con caratteristiche complesse e innovative. Accolto dal maggiordomo, fu fatto accomodare in una stanza in fondo alla quale vide Epstein seduto su una piattaforma rialzata, come un trono, con ai suoi fianchi due bellissime e alte ragazze, apparentemente dell'Est europeo. Epstein gli rivolse qualche domanda e dopo pochi minuti lo congedò. Al suo ritorno in ufficio trovò un fax con cui Epstein comunicava di aver aderito all'investimento multimilionario propostogli.

Nel racconto di Kusnan colpisce ovviamente anche il particolare delle due giovani che affiancavano Epstein. In realtà, era una sua consuetudine mostrarsi in pubblico scortato dalle sue *assistenti* ed è difficile dare una lettura di questo suo comportamento, in quanto si rischia di banalizzarlo come una teatralità infantile. In realtà, non si trattava di un esibizionismo fine a sé stesso; sembra infatti evidente che Epstein provava un personale piacere a contornarsi di belle ragazze che rispondevano ai suoi ordini e forse non è sbagliato connettere questo suo bisogno di dominio esibito nei confronti dell'altro sesso con la sua attrazione verso le giovanissime.

6.3 Un'erronea valutazione

George W. Bush fu dichiarato ufficialmente Presidente degli Stati Uniti nel gennaio 2001 sulla base di un risultato molto contestato in cui si rivelò decisivo un vantaggio di 600 voti nello Stato di Florida, di cui era Governatore il fratello Jeb. Nei primi mesi la sua presidenza fu sostanzialmente anonima e tendenzialmente isolazionista, ma tutto cambiò dopo gli attentati dell'11 settembre 2001 che costituirono un'occasione irripetibile per l'agenda dei neoconservatori che si erano insediati nella sua amministrazione.

Tuttavia, nonostante il sommovimento determinato dagli attentati, c'era una scadenza nel dicembre 2001 che gli Stati Uniti ritennero di non rinviare: l'ingresso della Cina nel WTO (Organizzazione Mondiale del Commercio) e quindi l'inclusione a tutti gli effetti di quel paese all'interno del sistema degli scambi commerciali internazionali. Questa decisione era mossa da due obiettivi. Da una parte gli imprenditori americani (e non solo) perseguivano la possibilità di delocalizzare la produzione avvantaggiandosi della manodopera a basso costo e ancora deregolamentata cinese; dall'altra si riteneva che il passaggio a forme di economia di mercato, quali erano quelle richieste dal WTO, avrebbe sollecitato una transizione del paese verso assetti politici assimilabili a quelli occidentali.

Fu così che già nel '95 la dura repressione delle proteste nella piazza Tienanmen di Pechino, occorsa nel 1989, era stata dimenticata dai media e per oltre due decenni si ignorò che la Cina era retta da un regime non democratico, secondo la definizione occidentale, e guidato da un partito che si definiva comunista. Ancora nel 2017 il segretario Xi veniva salutato a Davos come l'alfiere del libero mercato in opposizione alle posizioni protezionistiche di Trump.

Solo negli ultimi anni i media si sono allineati alla nuova narrativa e ciò è avvenuto dopo che gli Stati Uniti si sono resi conto che avevano fatto uscire il genio dalla bottiglia. Avevano ritenuto ingenuamente di avere di fronte uno dei tanti paesi del terzo mondo di cui avevano spremuto le risorse umane e naturali per poi lasciarli oberati di debiti ed evidentemente ignoravano di aver di fronte un popolo laborioso e ingegnoso, difficilmente omologabile in quanto ispirato all'armonia sociale anziché all'individualismo occidentale, erede di una civiltà millenaria comparabile se non superiore a quella europea e che intendeva riprendere il suo posto nella storia dopo le umiliazioni subite per mano prima degli occidentali e poi dei giapponesi nei due secoli precedenti.

Nel giro di un ventennio la Cina ha accentrato gran parte della produzione mondiale per poi arrivare a contendere il primato statunitense in alcuni settori, come quelli dell'intelligenza artificiale e delle telecomunicazioni, che si posizionano nella parte più alta, e quindi più profittevole, della catena del valore. Solo recentemente gli Stati Uniti hanno capito che potrebbero perdere la competizione sulle tecnologie di frontiera e con essa la loro posizione di potenza egemone. In particolare, hanno compreso che il tempo non gioca a loro favore – ogni anno la Cina sforna il triplo degli ingegneri che escono dalle università americane – e che quindi è necessario agire subito facendo leva sui settori su cui possono ancora vantare un primato: quello militare e quello finanziario.

Ma al di là del confronto Stati Uniti – Cina, l'accelerazione della globalizzazione, cui si è affiancato l'avvento di Internet che ha rivoluzionato il mondo del lavoro, ha avuto gravi conseguenze sull'assetto e la coesione interna della società americana e degli altri paesi occidentali, determinando una frattura al loro interno fra coloro che ne hanno beneficiato ampiamente e coloro che invece ne sono stati fortemente penalizzati, in primis per effetto della delocalizzazione produttiva. Ne è seguito un progressivo e apparentemente inarrestabile accentramento della ricchezza, la soppressione dell'ascensore sociale, una situazione di rabbia e di degrado dei "perdenti" che nel complesso stanno minando il contratto sociale e quindi la solidità delle istituzioni democratiche.

6.4 Tutti sul Lolita Express!

Quando Clinton lasciò la Casa Bianca il suo indice di popolarità era in caduta libera a causa dello scandalo Lewinsky e di alcuni provvedimenti di grazia decisi all'ultimo minuto, in particolare quello a favore di Marc Rich. La sua reputazione era scesa così in basso che Al Gore, il candidato democratico alle elezioni del 2000, preferì rinunciare al suo supporto durante la campagna elettorale.

A questo si aggiungeva una situazione finanziaria non florida, almeno per il suo standing, a causa delle spese legali milionarie sostenute nella vicenda Lewinsky. Ad aggravare i suoi problemi economici, la sua licenza di avvocato gli era stata ritirata a causa del patteggiamento con cui definì le accuse di molestie sessuali mossegli da Paula Jones, con cui aveva avuto una relazione extraconiugale.

Per uscire da questa situazione Clinton ebbe un'idea non originale, ma sempre vincente: avviare un'attività filantropica con la quale, avvalendosi della rete di contatti e amicizie costituita durante la presidenza, raccogliere fondi, una parte dei quali destinati a ripianare le sue finanze, e, al contempo, ritornare sotto i fari dell'attenzione mediatica e rilanciare la sua immagine. A tal fine, rispolverò la Clinton Foundation, costituita nel '98, che più tardi verrà, con maggiori ambizioni, rinominata Clinton Global Iniziative e conoscerà un enorme successo, raccogliendo oltre 300 milioni di dollari.

La prima iniziativa filantropica che Clinton pensò di avviare fu quella di un viaggio in paesi africani per richiamare l'attenzione del mondo sulla lotta contro l'AIDS. A corto di soldi, abbisognava però di qualcuno disposto ad accompagnarlo con il proprio aereo privato e lo trovò in Epstein.

I contatti indiretti fra i due risalivano peraltro a molti anni prima. Nel 1992 Epstein versò un contributo finanziario per la campagna elettorale di Clinton, peraltro controbilanciato da un analogo contributo a Bush padre, a conferma che tali versamenti non sottendevano alcuna condivisione del progetto politico. L'anno successivo donò 10.000 dollari per un'iniziativa di ristrutturazione della Casa Bianca, ricevendo in cambio un invito a un party nella stessa residenza in cui si presentò accompagnato da Ghislaine Maxwell. Ulteriori contributi furono versati lungo l'arco dei due mandati presidenziali.

A mettere i due in contatto fu Doug Band, l'assistente personale di Clinton durante la presidenza che egli mantenne al suo fianco anche dopo la fine dei due mandati. Clinton non portava con sé un cellulare e non usava le email e Band era pertanto il filtro attraverso cui passavano tutti i suoi contatti, una straordinaria posizione di potere e di conoscenza dell'establishment che egli manterrà fino al 2015 quando entrerà in rotta di collisione con la figlia di Clinton, Chelsea.

Con ogni probabilità Band conosceva Epstein sin dagli anni '90 e quando lo contattò per chiedergli se era disponibile ad accompagnare Clinton nel suo viaggio promozionale egli accettò, sembra senza esitazione. Epstein comprenderà più tardi che si trattava di un errore che avrebbe pagato caro, ma allora vide probabilmente l'opportunità di allargare le sue conoscenze, includendovi un ex presidente che gli sarebbe stato debitore e che probabilmente gli avrebbe consentito di accedere alla propria personale e prestigiosa rete di relazioni internazionali.

Il primo viaggio di Clinton su uno degli aerei di Epstein ebbe luogo nel febbraio del 2002 con un tragitto da Miami a New York. Dal registro di bordo risulta che assieme a Clinton ed Epstein si imbarcarono la Maxwell e l'*assistente* Sarah Kellen, oltre a quattro uomini della scorta. Nel successivo mese di marzo volarono in Marocco dove Clinton, la figlia Chelsea, Epstein e la Maxwell presenziarono al matrimonio del re Mohammed.

Il viaggio in Africa ebbe luogo nel settembre del 2002 e durò una settimana, nel corso della quale visitarono nell'ordine il Ghana, la Nigeria, il Ruanda, il Mozambico e il Sudafrica. Con loro due si imbarcarono la Maxwell, Band, tre giovani *assistenti* che svolsero funzioni di hostess, due amici di Clinton, il cabarettista Chris Tucker e l'attore Kevin Spacey che 15 anni più tardi verrà accusato di molestie nei confronti di ragazzi minorenni. A Città del Capo si imbarcherà anche la *massaggiatrice personale* di Epstein, l'allora ventiduenne Chauntae Davis, che poi li accompagnerà nel viaggio di ritorno con tappa a Parigi. Molti anni più tardi appariranno diverse foto di Clinton che riceve massaggi dalla Davis e che l'abbraccia sorridente. Tuttavia, la Davis, che più tardi dichiarerà di essere stata vittima di abusi sessuali da parte di Epstein, riferirà che Clinton in quella e altre occasioni si era sempre comportato da gentleman e che mai c'erano state delle avances da parte sua.

Anche Virginia Roberts farà dichiarazioni analoghe: "Ho saputo di voci secondo cui avrei avuto relazioni sessuali con il presidente Bill Clinton sull'isola Little St. James. Egli era in effetti presente sull'isola quando anche io ero lì, ma non ho mai avuto rapporti sessuali con lui e non l'ho mai visto avere relazioni sessuali con alcuno". Non si può non osservare quanto sia sospetta questa dichiarazione non richiesta.

Quando anni dopo Epstein venne incriminato, l'ufficio stampa dell'ex presidente si affrettò a minimizzare la portata dei loro rapporti e sostenne che Clinton aveva effettuato solo quattro viaggi sull'aereo di Epstein, sempre accompagnato dalla scorta. Questa affermazione però verrà ben presto smentita quando verranno resi pubblici i registri di bordo degli aerei da cui risulta che in realtà i viaggi, distribuiti fra il 2002 e il 2003, erano stati ben 26, con destinazione Hong Kong, Giappone, Singapore, Cina, Brunei, Londra, New York, Parigi, isole Azzorre, Belgio, Norvegia, Russia e vari paesi dell'Africa. Inoltre, nel 2003 Epstein organizzò nella sua residenza di New York un party in onore di Clinton in cui era presente, fra gli altri, Donald Trump.

Dershowhitz in un'intervista ha raccontato che in quel periodo partecipò a un party nella residenza di Caroline Kennedy in cui erano presenti i coniugi Clinton. A un certo punto un uomo della scorta si avvicinò a Clinton e gli passò il telefono. Clinton si appartò per una decina di minuti e quindi chiamò Dershowitz per dirgli che c'era un suo amico che voleva salutarlo. Con suo grande stupore l'amico era Epstein che gli spiegò che non doveva meravigliarsi in quanto Clinton era legato a lui da un rapporto di amicizia. Nella stessa intervista Dershowitz riferisce di un episodio narratogli da Epstein. Durante il viaggio ad Hong Kong, egli accompagnò Clinton in una suite di albergo in cui Mike Jagger stava tenendo una sorta di party con una sfilza di belle ragazze, apparentemente un'orgia. Clinton si allontanò immediatamente dicendo "no, no queste cose non sono per me". Ovviamente, Clinton non era così stupido da fare queste cose in pubblico. Piuttosto c'è da chiedersi come potesse Epstein pensare il contrario.

A conferma del legame quasi intimo fra i due, Epstein fece realizzare e poi conservò nella sua casa di New York una gigantografia di Clinton vestito da donna e con scarpe rosse e tacchi a spillo.

Alla fine, tuttavia, la chimica fra i due non funzionò. Clinton, una volta che ebbe riacquisito uno standing internazionale e iniziato a ripianare le sue finanze, ritenne fosse venuto il momento di ripristinare le distanze con Epstein, affievolendo progressivamente quello che inizialmente appariva come un rapporto di stretta amicizia e riqualificandolo come uno dei tanti contatti. Epstein non la prese bene e, forse non a torto, vide confermata la sua prima impressione, che aveva confidato a un amico, di avere di fronte un opportunista con pochi principi morali. Non si può escludere poi che Clinton avesse saputo dei rapporti di Epstein con l'intelligence israeliana e abbia conseguentemente ritenuto non opportuno mantenere un rapporto troppo confidenziale con lui.

Sebbene ancora nel 2006 avesse versato tramite il suo trust C.O.U.Q. 25.000 dollari alla fondazione di Clinton, i contatti fra i due cominciarono a diradarsi a partire dal 2004. Come abbiamo già ricordato, Clinton continuò invece a frequentare la Maxwell sino al 2011 e tutto lascia intendere che i due avessero intrecciato una relazione.

Clinton non fu ovviamente l'unico a imbarcarsi sull'aereo di Epstein, che poi la stampa rinominerà "Lolita Express" per le giovani ragazze immancabilmente presenti a bordo. Anche in questo caso fa fede il registro dell'aereo in cui sono annotati tutti coloro che presero parte ai voli. Per avere piena contezza del giro di conoscenze di Epstein, i nominativi indicati nel registro devono poi essere incrociati e integrati con quelli presenti nella sua agenda, trafugata nel 2005 da un suo collaboratore che poi cercò, senza successo, di venderla nel 2011 al team di avvocati che patrocinavano le cause civili contro Epstein e la Maxwell. Il contenuto dell'agenda fu poi pubblicato in rete nel 2015.

Il quadro che se ne ricava è quello di un'incredibile congerie di personaggi accomunati solo dall'appartenenza all'élite statunitense e internazionale. Solo per citarne alcuni, erano presenti politici (Andrew Cuomo, Tony Blair, Henry Kissinger, Ehud Barak, Ted Kennedy, John Kerry), personaggi dello spettacolo (Alec Baldwin, Dustin Hoffman, Woody Allen, Phil Colllins, Mick Jagger, Michael Jackson, Leonardo DiCaprio, Harwey Weinstein), della moda (Tom Ford, Naomi Campbell), della finanza (Leon Black, Tom Barrack, John Gutfreund, Lewis Ranieri), accademici, scienziati e premi Nobel (Gerald Edelman, Murray Gell-Mann, Stephen Hawking, Marvin Minsky, Steven Pinker, Larry Summers), magnati dell'editoria (Mort Zuckerman, Rupert Murdoch), imprenditori (Richard Branson, Flavio Briatore, Ron Burkle, David Koch, Tom Pritzker) ristoratori (Giuseppe Cipriani, Vittorio Assaf), maghi (David Copperfield, David Blaine), interior designers, archistar, ricchi ereditieri, giornalisti, campioni sportivi…

Aver viaggiato sull'aereo di Epstein o essere ricompresi nella sua agenda non comporta ovviamente un riconoscimento di complicità negli abusi su giovani ragazze. L'accusa che invece viene mossa alla maggior parte dei soggetti che frequentavano Epstein è di aver presumibilmente saputo di questi abusi e di averli sostanzialmente coperti tacendo. Per un numero molto ristretto di essi, tuttavia, i sospetti di complicità sono concreti.

In occasione della causa civile intentata contro la Maxwell nel 2015, Virginia Roberts fece il nome di alcuni soggetti che avrebbero abusato di lei quando ancora minorenne. Premesso che tutti hanno rigettato le accuse, due di essi erano legati ad Epstein da un rapporto di amicizia di lunga data: Glenn Dubin e Alan Dershowitz. La Roberts ha chiamato in causa poi Matt Groening, il creatore dei Simpson; George Mitchell, che negli anni '90 è stato leader della maggioranza democratica al Senato e che al tempo delle accuse presiedeva il "fund of the Archdiocese of Philadelphia for victims of sexual abuse by priests"; Bill Richardson, ex Governatore del New Mexico dove Epstein aveva acquisito un ranch; Alexandra Cousteau, la figlia del celebre esploratore; Jean-Luc Brunuel, noto, e a suo tempo celebrato, agente e scout di modelle.

La posizione di quest'ultimo apparve sin dall'inizio particolarmente compromessa. Dalla trascrizione di alcuni suoi messaggi lasciati sulla segreteria telefonica di Epstein emerge chiaramente che vi era una liaison fra i due dedita allo scambio di ragazze, alcune delle quali inequivocabilmente minorenni ("è una 2x8" dice Brunuel in un messaggio). Egli era una vecchia conoscenza della Maxwell e quando decise di lanciare una nuova agenzia negli Stati Uniti ricevette un finanziamento da Epstein di oltre un milione di dollari. Il sostegno di Epstein ricevette un riconoscimento nel nome che fu dato alla nuova agenzia, MC2, che richiamava la nota equazione di Einstein. Nel dicembre del 2020 Brunuel è stato arrestato in Francia con l'accusa di violenza sessuale, associazione a delinquere e tratta internazionale di minori. Poco più di un anno dopo è stato trovato morto in cella, apparentemente impiccatosi.

Ma il nominativo richiamato dalla Roberts a cui i media hanno riservato un'attenzione particolare è il principe Andrew, il terzogenito della regina Elisabetta II. Egli fu presentato ad Epstein dalla Maxwell, che lo aveva frequentato negli anni '80 e con cui sembra abbia intrattenuto una relazione saltuaria. Maxwell inoltre aveva mantenuto un'amicizia con Sarah Ferguson da cui Andrew aveva divorziato nel 1997. Come la Ferguson riconoscerà più tardi, Epstein, su richiesta del suo ex marito, l'aveva aiutata a ripianare una parte dell'enorme debito che aveva accumulato dopo il divorzio.

A cavallo degli anni '90 e 2000 l'amicizia fra Andrew, Epstein e Maxwell divenne strettissima. A quel tempo Andrew aveva ricevuto l'incarico di *"trade envoy"* e utilizzava la sua posizione per promuovere nel mondo l'industria britannica. In una disastrosa intervista alla BBC con cui cercò nel 2019 di giustificare la sua amicizia con Epstein, affermò, fra l'altro, che tale frequentazione gli consentiva di partecipare a parties dove poteva incontrare "accademici, politici, personalità delle Nazioni Unite, insomma un gruppo cosmopolita che rappresentava l'élite americana…Epstein aveva la straordinaria abilità di mettere assieme persone straordinarie". Ai tempi dell'amicizia con Epstein Andrew ricopriva anche altri incarichi che più tardi gli saranno tutti revocati. Fra questi, non si può non citare il patronato della "UK's National Society for the Prevention of Cruelty to Children".

L'amicizia del trio divenne così intima che nel 2000 Epstein e la Maxwell furono invitati a partecipare nel Castello di Windsor a quello che venne definito "the Dance of a Decades" e con cui venivano festeggiati contemporaneamente i 40 anni di Andrew, i 50 del principe Carlo, i 70 della principessa Margaret e i 18 del principe Williams. I tre continueranno a frequentarsi assiduamente negli anni successivi e quando Andrew andava a New York alloggiava invariabilmente nella casa di Epstein. Egli viaggiò in numerose occasioni sull'aereo di Epstein e visitò più volte l'isola Little St James e il ranch in New Mexico. Ancora nel 2006 il principe invitò Ghislaine ed Epstein nel castello di Windsor in occasione del diciottesimo compleanno della figlia Beatrice.

Le accuse della Roberts nei confronti di Andrew erano circostanziate. Secondo quanto lei riferisce, nel 2001 Epstein, Maxwell e Roberts partirono assieme con l'aereo privato con direzione Londra, dove li attendeva il principe. Tutti e quattro passarono insieme la serata in un night e poi Andrew fu lasciato solo con la Roberts. Quest'ultima descriverà il rapporto fra i due con particolari voyeuristici che non stiamo qui a ripetere. Molti anni dopo spunterà una foto, poi divenuta celebre, in cui si vedono il principe che abbraccia la Roberts e, più dietro, la Maxwell, tutti e tre sorridenti. Sarà l'ultimo colpo alla sua reputazione.

Si apprenderà poi che a scattare quella foto era stato Epstein, circostanza questa che, se confermata, si presta a molteplici interpretazioni.

6.5 L'inizio della fine

Intorno al 2004 l'inarrestabile ascesa di Epstein sembrò affievolirsi. Per motivi diversi, Clinton, Trump e la stessa Maxwell cominciarono a diradare i loro incontri con lui. Sicuramente non gli aveva giovato il viaggio in Africa con Clinton che improvvisamente lo portò all'attenzione della stampa. Spuntarono articoli su tutti i principali giornali americani in cui ci si chiedeva chi mai fosse questo individuo, sino ad allora sconosciuto ai più, che si accompagnava ai potenti della terra, possedeva la più prestigiosa casa di New York, aerei e isole. La domanda ricorrente era quale attività realmente svolgesse e da cosa originava la sua ricchezza. Negli ambienti finanziari molti lo conoscevano, ma nessuno lo aveva mai visto all'opera.

Come lo stesso Epstein riconoscerà più tardi, "viaggiare con Clinton è stata una mossa sbagliata sulla scacchiera, ma anche Kasparov fa errori. E, come lui, si deve andare avanti". Egli cercò quindi in tutti modi di contenere gli effetti di questo passo falso. Quando nel 2002 seppe che la giornalista Vicki Ward stava per pubblicare su Vanity Fair un lungo articolo su di lui nel quale si accennava anche alla sua frequentazione di minorenni, intervenne prima presso di lei e poi con l'editore della rivista, Graydon Carter, affinché quei riferimenti fossero cassati. Con grande scorno di Ward, l'articolo verrà pubblicato senza gli accenni alle giovani ragazze.

Analoga sorte subirà Candace Bushnell, autrice del libro cui si ispirerà la serie televisiva *Sex and the City*, la quale aveva intenzione di indagare su Epstein e l'origine delle sue fortune. Bushnell riuscì anche a partecipare, tramite un amico, a un party nella casa di Epstein e in quell'occasione si fece notare per le domande che rivolgeva ai presenti sulla vita dell'ospite. Pochi giorni dopo ricevette una telefonata da un legale che la consigliò di desistere dalla sue indagini. Bushnell, come riferirà più tardi, ritenne opportuno accettare il consiglio.

Forse perché reso edotto di quanto fosse importante il controllo della stampa, Epstein nel 2003 cercò di acquisire il *New York Magazine* – un periodico che all'epoca vantava circa mezzo milione di lettori - unendosi a una cordata di cui facevano parte il produttore cinematografico Harwey Weinstein, il gestore di un'importante agenzia di pubblicità Donny Deutsch, il gestore di hedge fund Nelson Peltz, il giornalista Michael Woolf e il magnate dell'editoria Mort Zuckerman. Alla fine la loro offerta fu superata da quella di Bruce Wasserstein, CEO della banca d'affari Lazard, che acquistò così la rivista. Tutti i soggetti qui nominati appartenevano alla comunità ebraica, a conferma dell'interesse di questa al controllo dei media.

Poi, all'inizio del 2005 accadde qualcosa che cambierà per sempre la sua vita: una signora, di cui non è stato divulgato il nome, si rivolse alla polizia di Palm Beach sostenendo che la sua figliastra era stata vittima di molestie sessuali da parte di un individuo che non era in grado di identificare. Dopo aver avviato le indagini la polizia identificò ben presto il presunto colpevole in Epstein e avviò la procedura per effettuare una perquisizione nella sua villa. Quando questa ebbe luogo, gli investigatori non trovarono nulla di particolarmente compromettente a parte qualche bizzarria erotica come alcune saponette a forma di fallo. Tuttavia secondo il detective Michael Reiter la casa sarebbe stata "ripulita" prima dell'ispezione, in quanto sarebbero stati rimossi alcuni computer.

Non si può escludere in effetti che Epstein sia stato avvertito per tempo dell'imminente ispezione. In fondo egli era stato molto generoso con la polizia locale, cui aveva versato 50.000 dollari nel 2001 e altri 90.000 proprio nel 2004. Ulteriori 36.000 dollari erano stati versati nel 2003 alla città di Palm Beach.

In vista del dibattimento, Epstein ingaggiò un *dream team* di avvocati, composto da Dershowitz, Jay Lekowitz, senior partner del noto studio legale Kirkland & Ellis, Gerald Leftcourt e Kennet Starr, famoso per essere stato il procuratore che condusse l'indagine che portò all'impeachment di Clinton. Essi ebbero buon gioco a reperire informazioni che mettevano in cattiva luce la reputazione di matrigna e figliastra. Gli avvocati rilevarono, infatti, che la prima aveva dei precedenti penali, mentre la seconda era stata più volte sorpresa a rubare nei negozi, era stata licenziata per lo stesso motivo da un negozio della catena Victoria's Secret, beveva alcool, fumava marijuana ed era sessualmente attiva. Emerse anche che i rapporti fra le due donne erano molto labili e che la matrigna non si curava troppo delle vicende della figliastra.

In effetti, non si può scartare a priori l'ipotesi che la denuncia sia stata fatta su commissione o istigazione di qualcuno che aveva interesse a mettere nei guai Epstein. Ma chi poteva avere questo interesse? Il giornalista Michael Wolff nel suo libro *Fire and Fury* sostiene, apparentemente con cognizione di causa, una sua tesi. In quel periodo egli frequentava sia Epstein sia Trump e seppe che nel 2004 il primo si rivolse al secondo per chiedergli un consiglio su un affare che stava per concludere. Si trattava di una villa in vendita per la quale egli intendeva fare un'offerta di 36 milioni. Egli portò Trump a visionare la villa perché voleva conoscere il suo parere circa la possibilità di spostare la piscina esistente. Epstein non era preoccupato che Trump gli soffiasse l'affare perché sapeva che in quel periodo aveva gravi problemi finanziari. Successe però che Trump fece inopinatamente un'offerta di cinque milioni superiore a quella di Epstein e si aggiudicò l'asta per mezzo di un'entità chiamata Trump Properties LLC, interamente finanziata dalla Deutsche Bank. La villa fu poi rivenduta, dopo modesti interventi migliorativi, a un oligarca russo per 96 milioni.

Epstein era furibondo per il tradimento riservatogli da quello che considerava un amico e non mancò di farglielo presente, probabilmente aggiungendo qualche velata minaccia di rivelare la precarietà della sua situazione finanziaria. Scrive infatti Wolff che "un furioso Epstein, certo che Trump stesse semplicemente facendo da copertura ai veri proprietari, minacciò di rivelare i reali termini dell'operazione, che stava ottenendo ampia copertura sui giornali della Florida". E "mentre era in corso questo scontro fra i due, Epstein si ritrovò sotto indagine".

7. IL GESTORE DI HEDGE FUND
L'avvento della finanza predatoria

> *Io non sono un pedofilo. C'è solo una cosa*
> *peggiore di essere definiti pedofili ed è*
> *essere definiti gestori di hedge fund*
> (Jeffrey Epstein)

7.1 Un'indagine anomala

Michael Reiter, il capo della polizia di Palm Beach, aveva preso a cuore l'indagine su Epstein, ma col tempo si rese conto che non si trattava di un caso ordinario. A quel tempo il procuratore di stato era Barry Krischer il quale aveva vinto anni prima il prestigioso premio annuale rilasciato dall'Anti-Defamation League, la controversa organizzazione dedita a combattere l'antisemitismo. Dopo che l'ispezione alla villa di Epstein non aveva fatto emergere nuovi elementi a suo carico, Krischer decise di avocare a sé l'indagine. A quel punto, Epstein integrò il suo team difensivo arruolando anche un avvocato del posto, Jack Goldberger. Questi non era un principe del foro, ma aveva due importanti requisiti. Egli infatti lavorava nello stesso studio legale del marito del sostituto procuratore Daliah Weiss, ritenuta particolarmente "aggressiva" e che a quel punto dovette astenersi. Inoltre, e forse più importante, aveva, come si scoprirà dopo, una relazione con Krischer.

Sulla base dell'ampio dossier presentatogli dal team difensivo, Krischer maturò il convincimento che si trattasse in realtà di un mero caso di prostituzione. Va tenuto presente che a quell'epoca la legge della Florida prevedeva che il reato di prostituzione potesse riguardare giovani a partire dai 14 anni e solo dopo il 2016 fu stabilito che i giovani minorenni non potessero essere imputati in quanto non potevano dare un consenso legale. In particolare, sembra che Krischer si fosse definitivamente convinto della inaffidabilità della giovane accusatrice quando gli furono mostrati alcuni suoi post su MySpace (il social che a quel tempo non era ancora stato soppiantato da Facebook) in cui si vantava con le amiche delle sue avventure sessuali, utilizzando un fraseggio scurrile. Inoltre, Epstein, che sosteneva di essere all'oscuro del fatto che le ragazze erano minorenni, riuscì su questo punto a superare il test della "macchina della verità" (*lie detector*).

Fu così che il sostituto procuratore Lanna Belohlavek offrì a Epstein un patteggiamento con cui lui si riconosceva colpevole del reato di "aggravated assault" per il quale gli veniva comminata una pena di cinque anni da scontare in libertà vigilata e con l'obbligo di non avvicinare minorenni senza la supervisione di un terzo al corrente della sentenza. Epstein, forse incautamente, si rifiutò di accettare questo accordo. La questione fu così portata davanti al Grand Jury che lo incriminò per sollecitazione della prostituzione, senza far cenno al coinvolgimento di minorenni.

Quando venne a conoscenza della decisione particolarmente clemente del tribunale, il solerte capo della polizia, Reiter, andò su tutte le furie e decise di portare l'indagine all'attenzione della procura federale, a capo della quale era a quel tempo Alexander Acosta. Epstein, che continuava a essere convinto di non aver compiuto alcun abuso, cominciò a pensare che ci fosse un pregiudizio antisemita nei suoi confronti. Non a caso, proprio in quel periodo egli si recò due volte in Israele, probabilmente a sollecitare una sua tutela.

Tuttavia, il caso volle che Acosta avesse lavorato nello studio legale Kikland & Ellis, lo stesso in cui lavorava Jai Lekowitz, uno degli avvocati di Epstein. Fu così che il team legale di Epstein si divise i compiti. Dershowitz fece filtrare alle orecchie di Acosta che Epstein era al di sopra di lui ("above his paygrade"), che lavorava per l'intelligence ed era meglio lasciarlo andare libero. A sua volta, Starr perorò la sua causa rivolgendosi direttamente al Ministero della Giustizia, a capo del quale era a quel tempo Michael Mukasey, un ebreo ortodosso noto per le sue posizioni filoisraeliane. Infine, Lekowitz si incontrò segretamente con Acosta presso un ristorante dove misero a punto un nuovo e definitivo patteggiamento. Non si può non notare quale singolare *location* fosse stata scelta dai due per addivenire a una decisione giudiziale.

Il patteggiamento, che questa volta Epstein accettò, prevedeva:
- la sua ammissione di colpevolezza del reato di sollecitazione alla prostituzione di una minorenne;
- la sua immunità da ulteriori procedimenti giudiziali per gli stessi fatti. L'immunità veniva inoltre

estesa anche alla Maxwell, a quattro delle sue "assistenti" e a "any potential co-cospirators";
- la sua iscrizione in un registro pubblico con la qualifica di "molestatore sessuale" (sex offender).

Forse proprio quest'ultima previsione era la più gravida di conseguenze per la reputazione di Epstein, in quanto da ora in poi si sarebbe portato dietro questo marchio infamante. Una delle prime e più gravi conseguenze fu la cessazione dei rapporti con Wexner e, soprattutto, con le sue fondazioni. Veniva meno in tal modo non solo una delle sue principali fonti di guadagno, ma anche il delicato e centrale ruolo che egli svolgeva per conto della comunità come trustee delle charities.

A seguito del patteggiamento, Epstein fu condannato a 21 mesi di carcere, che poi si ridurranno a 13 per buona condotta. Peraltro, scontò la condanna non nella prigione federale, ma in una struttura privata recintata (*stockade facility*) dove venivano alloggiati i detenuti per reati minori. Dopo due mesi, inoltre, riuscì ad ottenere la possibilità di allontanarsi dalla struttura sino a 16 ore al giorno per sei giorni alla settimana per andare a lavorare negli uffici della Florida Science Foundation da lui costituita. Praticamente, tornava nella residenza-carcere solo per dormire e per ingraziarsi la benevolenza dei suoi secondini versò, tramite una sua charity, 128.000 dollari all'ufficio dello sceriffo di Palm Beach.

Mentre era in "carcere" Epstein ricevette molte visite, fra cui quelle di due delle sue "assistenti" (Sarah Kellen e Nadia Marcinkova), di Dershowitz e, per ben 67 volte, di Jean-Luc Brunuel. Tutti lo trovarono di buon umore e impegnato nei suoi affari. In un'intervista uno degli amici che lo visitò ricorda che era in trattative per l'acquisto della squadra di football americano Miami Dolphins. L'amico ricorda inoltre che nel corso della stessa visita fu improvvisamente congedato in quanto Epstein gli riferì che erano le 4 p.m. e a quell'ora attendeva una telefonata dal primo ministro israeliano, che era all'epoca Ariel Sharon.

Molti anni dopo la vicenda giudiziaria tornò alla ribalta a seguito della nomina nel 2017 di Acosta a ministro della giustizia dell'esecutivo di Trump. I giornali locali della Florida colsero l'occasione per rispolverare tutte le particolarità della sentenza con cui era stato condannato Epstein e imbastirono una campagna di stampa con lo slogan "Perversion of justice".

Alla fine Acosta dovette dimettersi, ma le conseguenza più gravi furono per Epstein che si ritrovò al centro dell'attenzione mediatica in un contesto culturale che si era profondamente modificato con l'avvento del "Me Too Moviment" e che non era più disposto a fargli sconti per i pregressi comportamenti sessuali.

7.2 Lo Stato in soccorso dei neoliberisti

Mentre Epstein scontava la sua pena detentiva, scoppiò la grave crisi finanziaria del 2008. Come tutte le crisi finanziarie, anche questa è stata una crisi di liquidità. Le bolle si formano sui mercati con la stessa dinamica di uno "schema Ponzi": esse continuano a gonfiarsi finché c'è qualcuno disposto a entrare nel gioco investendo la propria liquidità. Quando questo afflusso di liquidità cessa, il castello crolla e tutti cercano di uscirne fuori facendo precipitare i prezzi delle attività finanziarie e/o immobiliari.

La bolla scoppiata nel 2008 si era gonfiata lungo un ventennio più o meno corrispondente al periodo in cui Greenspan è stato Presidente della FED. Nel '96 egli attribuì a una "esuberanza irrazionale" la crescita esponenziale delle quotazioni, salvo poi cominciare anche lui a non escludere che forse "questa volta era differente" e che l'aumento della produttività consentito dall'informatica poteva giustificare in qualche modo un aumento costante dei prezzi delle attività finanziarie, in particolare dei corsi azionari.

Fatto sta che, quando a cavallo fra il '99 e il 2000 l'inflazione statunitense ebbe una recrudescenza, la FED non ebbe remore ad abbandonare la politica monetaria accomodante adottata per tutto il decennio precedente e alzò il tasso di rifinanziamento fino al 6,5%. Il conseguente restringimento della condizioni di liquidità innescò pressoché immediatamente lo scoppio della bolla delle cosiddette "dotcom", cioè di quelle società informatiche che dovevano alimentare la produttività e sostenere le quotazioni.

A posteriori, si potrebbe discettare se non sarebbe stato più saggio consentire alla bolla di sgonfiarsi, nonostante i danni collaterali all'economia reale che ciò avrebbe comportato. Probabilmente, infatti, questi danni sarebbero stati inferiori a quelli patiti dopo il 2008 e inoltre sarebbe stata l'occasione per ridiscutere le controverse misure di deregolamentazione del sistema creditizio e dei mercati finanziari assunte negli anni '80 e '90, che hanno sicuramente facilitato l'insorgere e lo sviluppo della bolla.

La decisione della FED fu comunque diversa e fu quella di riaprire celermente i rubinetti della liquidità per consentire un recupero dei mercati. Con una successione ininterrotta di tagli, i tassi di rifinanziamento della FED furono portati in un biennio all'1% e la giostra poté così ripartire, questa volta estendendosi al settore immobiliare. Fu a seguito di queste misure che fu coniato il termine "Greenspan put" (con riferimento a un contratto finanziario con cui ci si copre da eventuali perdite future) per indicare la polizza assicurativa che egli stava fornendo ai mercati.

Greenspan lasciò la FED nel 2006 e poté così dedicarsi a studi e conferenze milionarie, consegnando la patata bollente della gestione della futura crisi al suo successore Bernanke. Questi era ben consapevole dell'anomala euforia dei mercati che egli riconduceva a un fenomeno di "saving glut", vale a dire un eccesso di risparmio e di capitali rispetto alle occasioni di investimento che causava una crescita delle quotazioni azionarie e contribuiva a tenere bassi i tassi di mercato.

Quando però fu deciso di lasciare fallire la Lehman Brothers il 16 settembre 2008, divenne subito e drammaticamente chiaro il livello di interdipendenza che ormai legava a livello planetario il sistema finanziario. Nei giorni immediatamente successivi al fallimento di Lehman il sistema dei pagamenti internazionale rischiò di collassare, mentre il contagio della crisi si allargò rapidamente colpendo, non solo in USA, altri istituti finanziari e poi estendendosi come una metastasi al settore reale.

La risposta delle autorità statunitensi fu di dimensioni straordinarie. Furono generosamente ricapitalizzati tutti i principali istituti creditizi del paese nonché le banche d'affari (quali Morgan Stanley e Goldman Sachs) le quali solo recentemente erano entrate nell'olimpo finanziario cavalcando la bolla. Diverse importanti aziende americane, fra cui in particolare quelle del settore automobilistico, furono sostanzialmente nazionalizzate. Infine la FED prima ricondusse rapidamente il tasso di rifinanziamento dal 5,5%, cui era stato portato nel giugno 2006, allo 0,25% e poi intraprese una serie di acquisti di attività finanziarie (titoli di stato, mutui e prodotti derivati) per un totale di oltre 3.500 miliardi di dollari (cd "quantitative easing").

Di fronte alla drammaticità della crisi, pertanto, le autorità americane non ebbero dubbi su chi, fra creditori e debitori, dovesse essere tutelato: il mantra adottato fu che bisognava guarire Wall Street per salvare Main Street. Successe così che proprio quel sistema finanziario che dagli anni '80 si era battuto con successo per ridurre l'intervento pubblico sul settore attraverso un'ampia deregolamentazione, chiedeva ora a gran voce, e otteneva, la mobilitazione di tutte le risorse dello Stato a suo favore.

La cosa più scandalosa fu che nessun pagò per quanto accaduto: le autorità pubbliche che avevano avallato una sciagurata deregolamentazione del sistema finanziario; gli accademici che avevano decantato le virtù del liberismo e dell'arretramento dello Stato nell'economia; la variegata fauna degli esponenti della finanza che si erano spudoratamente arricchiti alimentando la bolla; le società di rating che avevano attribuito la tripla A (equivalente all'assenza di rischio) alle tranche superiori dei mutui subprime cartolarizzati. Tutti restarono al loro posto e, dopo il salvataggio operato dai bistrattati Stati, poterono continuare a predicare e ad arricchirsi, dedicandosi ad alimentare una nuova bolla. Alcuni di loro furono anzi chiamati a collaborare nella gestione della crisi, in un fruttuoso scambio che porterà più tardi l'allora Ministro del Tesoro Paulson a capo di un prestigioso hedge fund.

Come sappiamo, Wall Street fu salvata, ma Main Street continuò a soffrire e poi scatenò la sua rabbia nelle cabine elettorali dando vita al movimento "populista" che ha portato alle elezioni di Trump.

7.3 Storia di Apollo e Athene

Quando finì di scontare la sua pena detentiva, Epstein ritenne forse di essersi lasciato alle spalle la vicenda giudiziaria e di poter ricominciare la sua vita come se niente fosse accaduto. Certo, alcuni dei suoi più importanti contatti avevano preso le distanze da lui, ma tutto lascia intendere che egli fosse convinto di poter riprendere a tessere la sua tela di interessi e affari.

Subito dopo essere tornato a New York, fu invitato all'anteprima del film "Wall Street" con Michael Douglas. Come riportò la mitica "Page Six" del New York Post, egli fu "accolto calorosamente dagli ospiti, dopo aver completato una pena detentiva a giugno. Era la prima volta che usciva in due anni, ma nessuno ha battuto ciglio sul fatto che fosse lì. E' stato visto conversare con Jonathan Farkas, Wilbur Ross, Leon Black e stava seduto accanto a Rudy Giuliani".

Qualche settimana dopo la nota organizzatrice di eventi mondani Peggy Siegal si occupò di predisporre la lista di inviti per un party nella casa in New York di Epstein che questi non ebbe remore a chiamare "welcome home from prison". Parteciparono, fra gli altri, la conduttrice televisiva Katie Kuric, il conduttore di talk show Charlie Rose, la scrittrice e attrice Chelsea Handler, Woody Allen, l'ex portavoce di Clinton George Stephanopulos, i coniugi Dubin e infine l'ospite d'onore, il principe Andrea. Quest'ultimo si trattenne nella casa di Epstein per alcuni giorni e fu anche fotografato mentre salutava affettuosamente una giovane brunetta sul portone della casa e mentre passeggiava vestito casual in Central Park affiancato da Epstein.

Quando tornò a corte dovette subire una strigliata perché fu l'ultima volta che i due si incontrarono e, anzi, più tardi dichiarerà, in modo poco convincente, che si era recato a New York per spiegargli i motivi per cui intendeva chiudere definitivamente con lui.

A sua volta, Perry Siegal, che aveva organizzato poche settimane prima nella stessa casa una cena per 120 persone in occasione dello Yom Kippur, verrà in seguito fortemente stigmatizzata per aver accettato di fornire i propri servizi a un uomo condannato per molestie nei confronti di minori. Dopo l'arresto nel 2019 di Epstein, i giornali si scatenarono a reperire notizie sulla sua vita e sulle sue frequentazioni e il New York Times rivelò, fra le altre chicche, i dettagli del party organizzato dopo l'uscita dalla prigione. Il giorno successivo la Siegal si vide annullare tutti i contratti che aveva in essere con industrie e case cinematografiche e lei stessa, che era la regina dei salotti, divenne improvvisamente "persona non grata" negli eventi newyorkesi. Questo improvviso ostracismo non rispecchiava ovviamente una sincera disapprovazione del comportamento passato della Siegal, ma era dettato dalla preoccupazione che i media accostassero i propri prodotti a Epstein che veniva ormai dipinto come un orco.

Ma nel 2010 la situazione era diversa ed Epstein poté continuare, apparentemente senza particolari ostacoli, la sua attività in campo finanziario. Fino al 2013 egli rimase cliente della JP Morgan, nonostante questa, dopo la vicenda Madoff in cui era rimasta pesantemente coinvolta, avesse avviato un'indagine interna per individuare clienti potenzialmente in grado di danneggiare la reputazione della banca in ragione della loro vita privata o della natura illegale delle loro attività. Al termine dell'indagine Epstein fu uno dei clienti con i quali si raccomandava di tagliare i rapporti.

La raccomandazione non ebbe seguito in quanto uno dei dirigenti di più alto rango della banca, Mary C. Erdoes, intervenne personalmente per mantenere il rapporto. Epstein, infatti, non era un semplice cliente della banca, ma svolgeva per essa anche il compito di "reclutatore" di nuova ricca clientela. Il suo rapporto con la JP Morgan iniziò nei primi anni '90 e il suo referente fu sin dall'inizio James E. Staley a cui presentò dozzine di facoltosi clienti e con il quale organizzò importanti e innovative operazioni finanziarie. Epstein presentò alla JP Morgan Wexner che aprì un conto di oltre un miliardo e Dubin dal quale fu acquisito l'innovativo fondo Highbridge. Fu anche grazie a questo connubio che Staley fece carriera all'interno della banca sino a essere messo a capo della JP Morgan Investment Bank. In quell'occasione gli succedette al vertice della Divisione di Asset Management la Erdoes, che era sostanzialmente una sua protégé.

Nel 2013 Staley lasciò la JPMorgan per assumere l'incarico di CEO della Barclays e subito dopo cessò anche il rapporto di Epstein con la banca. Nel 2015 il Daily Mail riferì di aver preso visione di alcune mail da cui si evinceva che già dal 2012 Epstein si era attivato per trovare una nuova posizione di prestigio per Staley. Più tardi emergerà anche che i rapporti fra i due andavano ben oltre l'ambito professionale, che Staley era stato più volte ospite nelle case di Epstein e che lo aveva visitato nel 2009 mentre scontava la pena detentiva. Staley riuscirà a resistere per oltre due anni, negando di aver mai avuto contezza dei crimini sessuali di Epstein e per rafforzare tale tesi racconterà di non aver avuto problemi ad affidare a quest'ultimo il ruolo di mentore di sua figlia per la prova di ammissione all'università. Nel novembre del 2021, tuttavia, è stato costretto a dimettersi dal ruolo di CEO della Barclays.

Dopo aver lasciato la JP Morgan Epstein fu subito accolto a braccia aperte dalla Deutsche Bank, con cui avviò un rapporto che si concluderà nel giugno del 2019, poche settimane prima del suo arresto. L'anno successivo le autorità americane avviarono un indagine presso la Deutsche Bank circa la liceità dei suoi rapporti con Epstein che si è conclusa con il patteggiamento di una multa di 150 milioni.

Il lungo rapporto di Epstein con la JP Morgan resterà invece fuori dai riflettori sino al 2023, quando le furono intentate due cause per aver facilitato finanziariamente i comportamenti criminosi di Epstein. La prima è stata una class action promossa da oltre 150 "vittime", la quale si è chiusa rapidamente con un patteggiamento per 290 milioni. La JP Morgan invece cercò di resistere alla seconda azione civile promossa dallo Stato delle Isole Vergini, sostenendo, con qualche ragione, che era stato in realtà quest'ultimo a svolgere una funzione di "facilitatore" dei crimini di Epstein. In effetti, questi aveva mantenuto sino alla fine la propria residenza in quello Stato e anzi dopo la sua condanna perorò una modifica della legge locale che non consentiva l'ingresso nelle isole ai soggetti iscritti nel registro dei condannati per crimini contro minori. Epstein collaborò a questa revisione della legge, assumendo a tal fine come suo consulente Cecile de Jongh, la *first lady* dello Stato, la quale gli anticipò per mail i contenuti dell'emendamento, aggiungendo *"will it work for you?"*. Epstein non doveva essere del tutto soddisfatto del testo presentatogli e infatti, tramite una sua collaboratrice, propose delle modifiche precisando che erano *"in word format, to make easier to copy and past, if you wish"*.

Ciò nonostante, la causa costituiva motivo di grande imbarazzo per la JPMorgan, soprattutto perché furono desecretate migliaia di mail dell'epoca da cui risultava che Epstein anche dopo la condanna aveva presentato alla banca altri noti personaggi dei cui contatti con Epstein non si era fino ad allora avuta conoscenza, come il filosofo e linguista Noam Chomsky, l'allora consigliere di Obama e poi capo della CIA sotto Biden Joseph Burns e il più volte ministro britannico sir Peter Mandelson. Con quest'ultimo la frequentazione deve esser stata particolarmente intensa come dimostra il fatto che soggiornò nella dimora di New York di Epstein quando questi scontava la pena in Florida. In quell'occasione Epstein avvertì per mail Staley della presenza di Mandelson e gli suggerì di organizzare, "*quietly*", un incontro con lui, eventualmente coinvolgendo "Jamie". Il riferimento era a Jamie Dimon, l'attuale CEO della JPMorgan che già nel 2005 aveva assunto questo incarico? Nel corso del processo Dimon era stato sottoposto a un duro interrogatorio di sette ore sotto giuramento, nel corso del quale aveva sostenuto, forse arditamente, di aver avuto contezza dell'esistenza di Epstein solo dopo il suo arresto nel 2019.

D'altra parte, dalle mail desecretate era emerso anche che fu proprio il precedente CEO della JPMorgan, Sandy Warner, a invitare Staley nel 2000 a consolidare il rapporto con Epstein, descrivendolo come "una delle persone con più connessioni in New York" e, successivamente, che lo stesso Staley aveva ringraziato Epstein per aver organizzato un incontro dei vertici della banca con l'allora primo ministro israeliano Netanyahu.

La vicenda continuava a tener banco sui media con continue rivelazioni e, alla fine, La JPMorgan ha ritenuto opportuno patteggiare anche con le Isole Vergini per 75 milioni, lo stesso importo che mesi prima aveva pagato la Deutsche Bank, anch'essa chiamata in causa.

La figura di Mandelson e i suoi rapporti con Epstein meritano qualche parola di più. Discendente di un'importante famiglia ebrea, Mandelson entrò ben presto in politica scalando rapidamente le gerarchie del partito laburista e guadagnandosi l'appellativo di "principe delle tenebre" per gli intrighi politici condotti nell'ombra che gli venivano attribuiti. Più volte deputato e ministro, divenne il principale consulente di Tony Blair concependo a attuando con lui la trasformazione in senso moderato del partito laburista (il "New Labour") con effetti che si irradieranno su tutta la sinistra continentale. Dopo l'incarico di ministro nel governo di Gordon Brown (2008/10) si era progressivamente allontanato dalla politica dedicandosi a lucrose consulenze e attività di *lobbying,* quando il suo nome è tornato alla ribalta nel 2025 con la sua nomina ad ambasciatore britannico negli Stati Uniti, incautamente decisa dal governo di Keis Starmer. Tale nomina è stata revocata dopo solo sei mesi a seguito della pubblicazione di ulteriori documenti che mostravano (come se ce ne fosse ancora bisogno) che aveva mantenuto stretti contatti con Epstein dopo la sua condanna. Ma il peggio doveva ancora arrivare. Nel gennaio del 2026 con la pubblicazione di milioni di *Espein files* da parte del Dipartimento di giustizia americano è emerso che Mandelson mentre era deputato è stato destinatario di numerosi e sostanziosi bonifici da parte di Epstein e che ulteriori bonifici sono stati reclamati a corrisposti a favore del suo compagno dell'epoca che poi sposerà. Ancor più gravide di conseguenze sono poi due mail che scambiò con Epstein mentre era ministro del governo Brown. Con la prima chiedeva a Epstein di farsi da tramite con Jamie Dimon (il CEO della JPMorgan) affinché "strigliasse" il Cancelliere (ministro dell'economia) britannico e lo facesse recedere dalla sua intenzione di tassare i *bonus* bancari. Nella seconda inoltrava a Esptein la bozza di un progetto di bilancio che il governo stava riservatamente esaminando e che prevedeva fra l'altro la cessione sul mercato di asset pubblici. "Asset appetitosi?", replicava prontamente Epstein e Mandelson "per lo più immobili".

o O o

Un altro importante rapporto che non si interruppe dopo la vicenda giudiziaria fu quello con Leon Black, il fondatore e CEO del gruppo di private equity Apollo. I due si conobbero all'inizio degli anni '90 e sin d'allora Black lo considerava "una persona molto intelligente e con grandi capacità nella pianificazione del patrimonio familiare e in materia fiscale". Black gli affidò per due decenni la gestione di gran parte del proprio patrimonio, stimando poi che la sua consulenza gli aveva permesso di incrementarlo di circa due miliardi. Il loro rapporto si trasformò ben presto in amicizia e risulta che Black soggiornò sull'isola caraibica di Epstein e nelle sue case in New York, Palm Beach e New Mexico.

Black fu introdotto nella finanza nel 1977 da un amico di famiglia, Fred Joseph, che a quel tempo era un alto dirigente della Drexel Burnham Lambert Inc, una banca d'investimento che, sotto la guida del mitico Michael Milken, introdusse la pratica del *leverage buyout*, l'acquisizione di società mediante mezzi finanziari presi a prestito. Allo scopo di invogliare i propri clienti ad acquistare le obbligazioni emesse per finanziare le acquisizioni era necessario che esse presentassero una remunerazione superiore a quella ordinaria di mercato e per questo furono definite *high yields* e, più tardi, con maggiore cognizione di causa, *junk bond* (titoli spazzatura).

In teoria, il maggior rendimento avrebbe dovuto compensare la maggiore rischiosità di questi crediti, ma in realtà Milken e i suoi sodali sapevano sin dall'inizio che essi non potevano essere ripagati e al più potevano essere rifinanziati finché le condizioni di mercato lo consentivano. Ma questo non li preoccupava; era infatti la società acquisita che assumeva i debiti e quando questa fosse fallita per l'incapacità di ripagarli, essi avrebbero perso solo la parte di capitale in cui avevano direttamente investito. Come gli economisti George Ackerloff e Paul Romer osservarono in un paper già nel 1993, "si tratta di un strategia di depredazione consistente nel far acquisire debiti da una società a responsabilità limitata, veicolare una parte dei soldi nei propri conti correnti e poi lasciare che la società fallisca".

Questa strategia, agevolata anche dalle liberalizzazioni del mercato introdotte da Reagan, fu condotta impunemente dalla Drexel sino alla crisi dei primi anni '90 che determinò anche il fallimento della società. Milken fu condannato a due anni di carcere e a Joseph fu vietato per sempre di assumere incarichi in società. Alcuni degli esponenti più in vista della Drexel tuttavia erano riusciti a defilarsi prima del fallimento; fra questi, Black, Carl Ichan e Henry Kravitz che poi diverranno fra i corporate raider più infelicemente noti.

Black, non pago di essere uscito indenne dal fallimento della Drexel, riuscì anche a utilizzarlo spudoratamente a proprio favore. Lui sapeva infatti che la società assicurativa Executive Life aveva acquistato oltre sei miliardi di junk bond emessi dalla Drexel e quando il loro valore crollò l'autorità di supervisione fu costretta ad acquisirla e metterla in liquidazione per salvaguardare i sottoscrittori delle polizze. Black, che nel frattempo aveva costituito Apollo con Josh Harris e Marc Rowan, partecipò all'asta e riuscì ad acquisire l'intero portafoglio di crediti per 3,25 miliardi. Nel giro di due anni, quando il mercato aveva recuperato, il valore di quel pacchetto di crediti si era rivalutato a più di 5 miliardi.

Negli anni successivi Apollo divenne, assieme a Carlyle, KKR e Blackstone, il capostipite di una generazione di società di private equity che sono arrivate oggi a gestire oltre 4.000 miliardi. Salvo alcuni affinamenti, la tecnica è sempre quella di acquisire tutte le azioni di una società quotata, selezionandola fra quelle in difficoltà economica ma ancora in possesso di asset pregevoli. L'operazione viene finanziata per la maggior parte mediante emissione di obbligazioni garantite dal capitale della società che nel frattempo, a seguito dell'accentramento di tutte le azioni, cessa di essere quotata (di qui la definizione di private equity). L'operazione viene infatti presentata come un intervento di risanamento che, richiedendo un orizzonte temporale di molti anni, è opportuno che venga realizzata al riparo dallo scrutinio costante dei mercati.

In realtà, l'opera di "razionalizzazione" e rilancio consiste immancabilmente in un feroce contenimento dei costi, tagli del personale, cessioni dei migliori asset, acquisizione di ulteriori debiti allo scopo di creare liquidità da stornare poi nelle casse della controllante. Più recentemente galvanizzati dalla situazione di impunità in cui sembra sia loro consentito di operare, gli organismi di private equity sono passati a metodi più spicci, come ad esempio fare indebitare le società controllate per finanziare la corresponsione di generosi dividendi. Si tratta di operazioni divenute così frequenti da aver assunto una denominazione ufficiale: *dividend recap*.

Lo stesso spirito rapace ispira gli hedge fund *attivisti*, i quali possono essere considerati loro *stretti parenti* in quanto perseguono i medesimi obiettivi utilizzando però una diversa metodologia. Invece di acquisire le società quotate *prede,* essi assumono nelle stesse una partecipazione di minoranza ma al contempo abbastanza significativa da permettere loro di condizionare con successo il management sollecitandolo a condurre le medesime pratiche di "razionalizzazione" proprie del private equity. La liquidità così realizzata viene poi prosciugata imponendo, di preferenza, operazioni di riacquisto di azioni proprie da parte della società partecipata.

In un mondo caratterizzato da un'eccedenza di capitali finanziari rispetto alle opportunità d'investimento, questi soggetti hanno abdicato al ruolo proprio della finanza di sostegno all'economia reale e hanno invece trovato il modo di far soldi "estraendo valore", come loro stessi dichiarano candidamente, dalle società in cui investono; per usare un linguaggio più diretto, depredandole di fatto.

Ma Apollo ha ulteriormente affinato la strategia operativa allorché ha acquisito il controllo dell'importante società assicurativa Athene. Questo le ha consentito, da un lato, di utilizzare i premi versati dagli assicurati per finanziare le proprie operazioni e, dall'altro, di acquisire generose commissioni da Athene per la "gestione" degli stessi soldi. Al culmine della spregiudicatezza, le commissioni applicate erano circa tre volte superiori a quelle ordinariamente richieste dal mercato e, quando alcuni azionisti di minoranza contestarono questa pratica presso un tribunale di New York, scoprirono con sconcerto che la sede della società era stata trasferita alle Bermude. Di fatto, l'acquisizione di Athene consentiva ad Apollo di mimare l'attività bancaria, sostituendo i depositi con i premi e con l'ulteriore vantaggio che gli assicurati, a differenza dei depositanti, non hanno di norma un accesso a vista al proprio denaro.

o O o

La crisi finanziaria del 2008 portò poi in dote a questa famiglia di predatori finanziari due importanti vantaggi competitivi che consentirono un ulteriore ampliamento della loro operatività. In primo luogo, dopo il salvataggio a spese dei contribuenti delle banche, queste furono sottoposte a stringenti requisiti di patrimonializzazione che di fatto ridussero la loro operatività lasciando spazio ad altri intermediari, come i gruppi di private equity. In secondo luogo, le banche centrali per sostenere l'economia avviarono una politica di significativa riduzione dei tassi, con la conseguenza che gran parte dei grandi investitori internazionali (i fondi pensione, le assicurazioni, i fondi sovrani, ecc.) nella loro disperata caccia al rendimento si adattarono a privilegiare gli investimenti più rischiosi, ma che proprio per questo offrivano un ritorno nominale più elevato.

Quando poi nel 2020 scoppiò la pandemia con il suo impatto rovinoso sull'economia, i canali di rifinanziamento si prosciugarono e tutte le attività finanziarie subirono pesanti perdite, ma quelli che sostenevano l'attività di private equity crollarono letteralmente. Le autorità monetarie dovettero allora prendere atto che questi intermediari erano diventati anch'essi "too big to fail" e si doveva pertanto correre in loro soccorso come era avvenuto con le banche nel 2008. Successe così che, accanto a un massiccio ricorso a misure già note e/o tradizionali - come l'azzeramento dei tassi e il rilancio del *quantitative easing* con l'acquisto di migliaia di miliardi di titoli di Stato - la Fed decise anche di porsi come controparte nel cruciale mercato internazionale del rifinanziamento a breve dei *repo*, che era di fatto collassato, e allo stesso tempo si impegnò ad acquistare centinaia di miliardi di *junk bonds*, i titoli obbligazionari ad alto rischio sulla cui emissione avevano fondato le proprie iniziative gli organismi di private equity e gli hedge fund.

I gruppi di private equity fecero opera di feroce lobby per perorare l'intervento poi adottato dalla FED ed è trapelato che sia Black sia il CEO di Blackstone, Schwarzman, si siano a tal fine rivolti, fra gli altri, al genero di Trump, Kushner, che evidentemente era il loro referente nell'amministrazione. La FED giustificherà poi il suo intervento con il carattere sistemico della crisi, ma a questo riconoscimento sarebbe dovuto seguire la sottoposizione di questi soggetti a una maggiore regolamentazione e a forme di supervisione analoghe a quelle previste per le banche. Invece, l'unica misura adottata dopo la crisi è stata, sorprendentemente, quella di consentire l'investimento nel private equity anche ai piani individuali pensionistici, i cosiddetti programmi 401(k). Evidentemente, si è ritenuto che fossero venuti meno i motivi di prudenza in base ai quali questi investimenti ad alto rischio erano stati in precedenza vietati a queste forme di risparmio previdenziale.

Di fatto, l'effettivo acquisto dei *junk bonds* non si rese poi necessario essendo bastato il solo annuncio della disponibilità a farlo da parte della FED. Il giorno dopo tale annuncio infatti il valore di tutti i titoli, compresi i junk bond, schizzò verso l'alto, consentendo alle società di private equity di riprendere la propria attività *as usual*. La decisone della FED non era scontata e poneva delicati problemi di *moral hazard*. Essa, infatti, interferiva sul processo di formazione dei prezzi sul mercato che dovrebbe basarsi su una valutazione comparata del rendimento atteso e del rischio implicito nelle attività finanziarie. Se le autorità pubbliche si mostrano pronte a intervenire affinché il rischio non si materializzi non siamo più in un mercato, siamo in La La Land.

Nota a margine: negli anni successivi tre membri del board della FED, compreso il vicepresidente, si sono dovuti dimettere essendo emerso che avevano acquistato azioni per milioni di dollari subito prima che divenissero pubbliche le decisioni di intervento sul mercato della banca centrale.

o O o

Verso la fine del 2020 Black riteneva di essersi lasciato alle spalle la crisi, quando improvvisamente emerse che Epstein aveva mantenuto un rapporto di collaborazione con lui sino al 2017 a fronte di una retribuzione negli ultimi cinque anni di 158 milioni di dollari. Quasi presciente, Black nel 2019 aveva così commentato l'interesse della stampa sul caso Epstein: "C'è stato una specie di tsunami nella stampa su questo caso…è salace, richiama elementi di politica, di Me Too, di ricchi e potenti uomini. La mia scommessa è che continuerà ancora per un po'".

Black cercò di resistere alla campagna di stampa, affermando che intendeva mantenere la suo posizione di CEO di Apollo, ma dovette recedere quando diversi fondi pensione ritirarono i propri investimenti nel gruppo. Black accettò così che la vicenda fosse oggetto di indagine da parte di un'apposita commissione che concluse i suoi lavori confermando che il rapporto fra i due era esclusivamente di tipo professionale. In particolare, Epstein avrebbe fornito consulenza fiscale e la sua retribuzione doveva considerarsi congrua in quanto aveva consentito a Black di risparmiare nel periodo circa un miliardo (!) di dollari in tasse.

In realtà i rapporti di Black con Epstein erano ben più stretti di quelli meramente professionali che si vuol far credere. Epstein è stato membro della sua fondazione per molti anni sino al 2012, anno in cui sarebbe iniziata la ben remunerata consulenza fiscale. Nel 2015, inoltre, Black versò 10 milioni al trust "Gratitude America" di Epstein e lo stesso anno versò per suo conto 5 milioni al MIT (Massachusets Institute of Technology).

Non va infine dimenticato che, come la maggior parte degli operatori nel settore del private equity e degli hedge fund, Black era molto attivo nella comunità ebraica e molti indizi lasciano intendere che il suo rapporto con Epstein avesse in realtà contenuti del tutto analoghi a quelli che caratterizzavano il sodalizio di questi con Wexner.

Alla fine comunque Black ha dovuto dimettersi da ogni incarico in Apollo, lasciando il suo posto all'antico sodale Marc Rowan. Inoltre, per sopperire al *vulnus* reputazionale, è stato chiamato a far parte del Consiglio di amministrazione Jay Clayton che aveva appena esaurito il suo mandato di Presidente della SEC (Security and Exchange Commission), l'autorità di controllo dei mercati, confermando la consuetudine di porte girevoli fra controllanti e controllati tipico della società americana. D'altronde lo stesso attuale (2025) Presidente della FED, Powell, ha lavorato in precedenza nel gruppo di private equity Carlyle. Una delle prime decisioni del nuovo Board è stata la fusione di Apollo con Athene, chiudendo definitivamente le polemiche sulle commissioni, ma probabilmente aprendone altre.

8. LO SCIENZIATO
L'irruzione del politically correct

Io provenivo da un background di povertà ed è stato solo grazie alla mia comprensione della matematica e della scienza che ho potuto vivere la vita che conduco
(Jeffrey Epstein)

8.1 A fianco dei premi Nobel

Epstein amava rappresentarsi come un principe del Rinascimento, munifico finanziatore della ricerca scientifica più avanzata. Tuttavia, egli non si limitò a versare per il tramite delle sue charities milioni di dollari ad Università e centri di ricerca, ma intendeva partecipare direttamente ai progetti che sovvenzionava. Ovviamente, anche gli scienziati più famosi sono sensibili ai soldi che consentono loro di portare avanti le proprie ricerche e, in taluni casi, anche di rimpinguare il proprio conto corrente. Ciò che invece può apparire sorprendente è che pressoché tutti gli accademici con cui Epstein ha collaborato ne abbiano esaltato le virtù e la capacità di condividere con loro le problematiche teoriche e le metodologie di ricerca.

Richard Axel, che Epstein incontrò alla fine degli anni '80, ben prima del Nobel per la medicina acquisito nel 2004, così lo descriveva: "E' estremamente intelligente e analitico. E' in grado di acquisire molto rapidamente le informazioni necessarie per inquadrare un problema e anche per identificare problematiche biologiche senza disporre di tutti i dati che uno scienziato richiederebbe...inoltre egli concede la sua attenzione solo per un breve lasso temporale e questo non perché sia annoiato, ma perché dopo quindici minuti ha acquisito abbastanza informazione, cosicché puoi vedere la sua mente che vaga e si dibatte, come in un labirinto". A sua volta il premio Nobel Gerald Edelman riferì di essere rimasto impressionato dalla "straordinaria capacità di Epstein di cogliere le relazioni quantitative".

I contatti di Epstein col mondo accademico furono agevolati dalla sua amicizia e collaborazione con il famoso agente letterario John Brockman. Questi era il fondatore di un movimento di opinione noto come "terza cultura" che si proponeva di superare la dicotomia fra umanesimo e scienza attraverso la sviluppo di una "letteratura tecnologica e divulgativa", come lui amava definirla. Nonostante dietro questi nobili intenti ci fosse molta fuffa, egli riuscì per molti anni a organizzare simposi a cui partecipavano e si confrontavano miliardari, scienziati, artisti, giornalisti, musicisti, scrittori con l'intento di provocare una fertilizzazione di idee da distribuire poi al pubblico. Lo strumento elettivo utilizzato a tal fine fu la "Edge Foundation" la cui principale attività era quella di affrontare annualmente una problematica di "alto livello", come, ad es., "di cosa dovremmo preoccuparci?", "su cosa possiamo essere ottimisti e perché?", e così via.

Epstein è stato uno dei principali finanziatori della Edge Foundation, alla quale versò 638.000 dollari dal 2001 al 2015 e, partecipando alle sue iniziative, ebbe modo di conoscere molti scienziati, gran parte dei quali avevano una cattedra a Harvard o al MIT. Sarà proprio in queste due Università che egli coltiverà rapporti di collaborazione con professori di chiara fama, spesso finanziandone la ricerca. Egli versò circa 9 milioni di dollari ad Harvard, di cui 6,5 destinati a un programma di dinamiche evoluzionarie che con tali fondi fu istituito dal biologo e matematico Martin Nowak. Quest'ultimo fu ospite di Epstein nella sua isola e ha ricordato in un'intervista che entrambi si alzavano alle sei del mattino e avevano tre ore di conversazione su questioni di pura teoria. "Poi lui si assentava per qualche lavoro, riappariva e discutevamo ancora". Uno dei temi su cui si concentrò l'attenzione e la curiosità di Epstein era come si concili l'altruismo con l'evoluzione. Esso ha formato oggetto di un noto libro di Novak - *SuperCooperators: Altruism, Evolution and Why We Need Each Other to Succeed* – nel quale viene citato Epstein, lodandone il supporto, non solo economico, ricevuto.

Anche grazie all'amicizia che lo legava al Presidente di Harvard, Larry Summer – già ministro del Tesoro sotto Clinton - Epstein era di casa in quella Università dove ottenne anche l'incarico di *"visiting fellow"* presso l'Istituto di psicologia. Già nei primi anni '90, inoltre, aveva finanziato assieme a Wexner la costruzione di un nuovo edificio – Harvard Hillel Rosvsky Hall – definita nel relativo sito internet "la casa degli ebrei nel campus" ed era poi entrato a far parte dell'*advisory board* della *Harvard Society of Mind, Brain and Behavior.*

Come ha ricordato Dershowitz che insegnava a Harvard: "Epstein voleva che io gli presentassi i miei colleghi all'Università, ma tramite lui sono stato io ad aver conosciuto professori che non avevo in precedenza mai incontrato, come

George Church, che aveva decodificato il genoma... organizzava con cadenza mensile dei seminari ai quali partecipavano fantastiche persone, anche provenienti dal MIT, come Noam Chomsky, Marvin Minsky, David Gergen, Stephen Jay Gould, Steven Pinker... tutti i luminari erano lì... era un onore essere invitati ed era tutto molto stimolante...discutevamo un'ora e mezza, due ore di biologia ed Epstein era come il maestro di cerimonie".

Anche il MIT ricevette finanziamenti da Epstein, che versò dopo il 2010 circa un milione di dollari, la maggior parte dei quali destinati al Media Lab, un innovativo ma controverso istituto di ricerca interdisciplinare. Su sua sollecitazione, inoltre, Bill Gates e Leon Black versarono rispettivamente 2 e 5 milioni sempre al Media Lab. Gates aveva conosciuto Epstein nel 2011 e la successiva frequentazione sarà la causa del divorzio dalla moglie Melinda.

Accanto alla biologia evoluzionista un altro campo di interesse di Epstein era quello della fisica ed era particolarmente affascinato dal mistero della gravità. Proprio a questo tema dedicò nel 2006 un convegno che organizzò nell'isola di St. Thomas e a cui partecipò la crema dei fisici del tempo: Stephen Hawking, i tre premi Nobel Gerard 't Hooft, Frank Wilczek e David Gross, oltre ad altri luminari. Nell'ultimo giorno fu organizzato un barbecue nella vicina isola Little St. James di proprietà di Epstein e, per facilitare il trasbordo, fu affittato un piccolo sottomarino appositamente modificato per accogliere la sedia a rotelle di Hawking. Alcune foto scattate nell'occasione mostrano gli illustri ospiti circondati dalle "assistenti" di Epstein, una delle quali dedicata a tempo pieno, apparentemente senza secondi fini, ad accudire Hawking. Un analogo convegno nella stessa location fu organizzato nel 2010, dopo l'uscita dal carcere, con la partecipazione anche in questo caso di scienziati del calibro dei due premi Nobel Murray Gel-Mann e Frances Arnold nonché di Leonard Mlodinov, Gerald Jay Sussman, Christof Koch e altri.

Come già ricordato, il giornalista e scrittore Michael Woolf frequentò Epstein a partire dagli ultimi anni '90 e partecipò ad alcuni di questi convegni scientifici. Egli racconta in modo suggestivo come lo incontrò la prima volta in occasione di un viaggio verso la California sul 727 di Epstein in compagnia di numerosi colleghi e scienziati: "Dopo esserci imbarcati, tutto sembrava un po' vertiginoso. L'ambiente era accogliente e lussuoso, c'erano dei deliziosi antipasti…Poi, dopo 15, 20 minuti salì a bordo Jeffrey…aveva un aspetto alla Ralph Lauren, un ebreo di bell'aspetto in abbigliamento casual, jeans, niente calzini, mocassini e una camicia button-down fuori dai pantaloni. E dietro di lui – come posso dire? – tre giovani ragazze che non erano le sue figlie. Erano giovani, 18, 19, 20 anni? Chi può dirlo? Sembravano modelle e torreggiavano dietro di lui. E subito hanno cominciato a servirci. Non sapevamo che dire…Chi è quest'uomo con questo grande aereo e queste altissime ragazze?".

Più tardi, nel 2003, quando partecipavano entrambi alla cordata per acquisire il New York Magazine, Wolff visitò l'*ufficio* di Epstein: "E' un posto incredibile e strano. Non ha un aspetto aziendale. Lo stile sembra quasi europeo, non moderno… il *trading floor* è pieno di tizi con la Kippah. Chi sono e cosa fanno? Non ne ho idea. Sono come un ritorno a un passato ancestrale…E poi c'è Jeffrey nel suo incredibile studio, pieno di pezzi d'arte, mobili d'epoca e con una meravigliosa vista panoramica, ed egli appare come l'uomo più rilassato del mondo. Viene da chiedergli 'che succede qui? ' e lui risponde con il suo sorriso da *gatto del Cheshire*".

In quell'anno, il 2003, Epstein era all'apice della sua ascesa e certamente non era consapevole delle disavventure giudiziarie che lo attendevano e, a seguire, della crescente condanna morale per i crimini che gli saranno addebitati. Già a partire dal 2011 le università e i professori cominciarono a prendere le distanze da lui e a rifiutare i suoi finanziamenti. Per un po' di tempo ancora mantenne rapporti con Novak ad Harvard e con il direttore del Media Lab del MIT, Joi Ito. Entrambi pagheranno più tardi per il mantenimento di questa relazione. Ito dovette dimettersi nel 2019 e l'anno successivo Novak fu sospeso dall'insegnamento per un biennio.

La condanna penale, inoltre, coincise temporalmente con la grave crisi finanziaria del 2008 che causò una contrazione di oltre il 10% del suo patrimonio. Quando poi finì di scontare la sua pena, i suoi introiti, soprattutto in termini di commissioni, si erano ridotti sensibilmente a causa della cessazione del rapporto con Wexner e probabilmente con altri clienti. Ne sono testimonianza i bilanci di una delle sue casseforti, il Financial Trust, che dopo aver mostrato elevati utili sino al 2007 ha poi registrato forti perdite nel quinquennio successivo. Nel 2009, inoltre, le autorità delle Virgin Islands avevano revocato il regime fiscale di favore che era stato a suo tempo accordato al Financial Trust, in cambio di un impegno "filantropico" nel territorio.

Nel 2013 Epstein chiuse il Financial Trust e costituì il Southern Trust, con il quale, come egli dichiarò alle autorità locali, intendeva sviluppare un servizio di estrazione di dati del DNA volto a stimare la predisposizione al cancro delle persone, avvalendosi a tal fine di *algoritmi matematici*. Sorprendentemente, il Southern Trust registrò significativi utili sin dal primo esercizio e per tutti quelli successivi sino al 2018.

In quegli anni Epstein mantenne un rapporto di amicizia e collaborazione con Ehud Barak, che a suo tempo, quando i due si incontrarono la prima volta, era stato capo dell'intelligence militare per divenire poi primo ministro di Israele. Dopo l'arresto nel 2019 di Epstein, Barak rilascerà la seguente dichiarazione: "In questo momento, il mio pensiero va alle vittime, al prezzo che esse hanno pagato e alle terribili azioni da lui compiute. *Come altre rispettabili persone negli Stati Uniti*, a posteriori io avrei preferito di non avere mai avuto contatti con lui". Come Wexner, quindi, Barak chiama in causa le altre note personalità che si sono accompagnate a Epstein con una velata minaccia di coinvolgerle. In realtà, i due si sono frequentati per circa trent'anni e Barak ha più volte visitato l'isola e le case di Epstein, dove ha soggiornato anche per periodi non brevi. Spunterà poi una foto in cui lo si vede entrare nella residenza newyorkese di Epstein camuffato con una sciarpa sul viso.

Nel 2014 Barak fondò Carbyne, una società che ha sviluppato una piattaforma basata sul cloud che consente al personale di emergenza (polizia, ambulanze, vigili del fuoco) di ricevere dati GPS, video e messaggi audio e testuali dai cellulari di coloro che chiedono soccorso. Sembra però che il vero intento dell'applicazione fosse quella di prendere possesso delle funzioni e del contenuto degli smartphone all'insaputa dei loro proprietari con l'intento di spiarli; una sorta di anticipazione del noto software Pegasus più tardi realizzato dalla società, anch'essa israeliana, NSO. Il principale finanziatore dell'iniziativa fu Epstein, che versò un milione per il tramite del Southern Trust. Seguiva Nicole Junkermann, la proprietaria della società d'investimento NJF Ltd, che versò 500.000 dollari per il tramite del trust Montilla, anch'esso registrato presso le Isole Vergini.

Subito dopo entrò nel capitale e poi nel board di Carbyne Andrew Intrater, un personaggio che salirà anni dopo agli onori della cronaca in quanto chiamato in causa da Robert Mueller nell'ambito dell'indagine da questi condotta sulle presunte interferenze russe sulle elezioni del 2016. In particolare, emerse che Intrater, nella sua qualità di fondatore e CEO della società d'investimento Columbus Nova, aveva versato 583.000 dollari a Michael Cohen, avvocato e stretto collaboratore di Trump che poi sarà condannato per frode e violazione delle leggi sulle sovvenzioni elettorali.

Si scoprì infatti che Intrater non era in realtà il proprietario di Columbus Nova ma solo il prestanome di suo cugino, Victor Vekselberg, un oligarca russo di origini ebraiche, che al tempo dei versamenti a Cohen era stato sottoposto a sanzioni dagli Stati Uniti e che quindi, a fortiori, non poteva finanziare un candidato alla presidenza. E' interessante notare che il principale investimento di Columbus Nova fu nella startup Fifth Dimension, di cui era CEO l'ex Capo di Stato Maggiore dell'esercito israeliano Benny Gantz e che si proponeva di utilizzare l'intelligenza artificiale per supportare le indagini di polizia.

Anche Carbyne, nonostante le sue finalità apparentemente innocenti, era in realtà connessa con gli apparati dell'intelligence. Fra i suoi azionisti essa annoverava infatti anche Amir Elichai, importante membro dei servizi militari israeliani, mentre il direttore generale della società era Pinchas Berkus, a suo tempo brigadiere generale della *elite 8200 unit*, unità di spionaggio israeliana specializzata nella guerra cibernetica.

Ma la compagine sociale di Carbyne testimonia anche dei legami fra l'intelligence israeliana e quella statunitense. Il ruolo di advisory board fu assunto da Michael Chernoff, figlio di un rabbino, che aveva ricoperto l'incarico di segretario alla sicurezza nazionale sotto Bush ed era stato coautore del Patriot ACT con cui, sull'onda degli attentati dell'11 settembre, furono introdotte misure di sorveglianza digitale sui cittadini americani e poi anche su quelli di altri paesi, compresi quelli cosiddetti "alleati".

Ancor più significativo è poi l'investimento nel capitale di Corbyne da parte di Peter Thiel, fondatore di Paypal e poi di Palantir. Quest'ultima è un'importante e controversa società specializzata nell'analisi di big data con l'esplicita finalità del controllo della popolazione, ovviamente a fin di bene. Nonostante alcune sue divisioni forniscano servizi anche all'industria privata, i principali clienti della società sono le forze armate e tutte le agenzie di intelligence americane. Allorché nel 2025 è stata trafugata e poi resa pubblica una porzione della casella mail di Barak, è emerso che questi condivideva con Epstein e Thiel anche altri progetti., a riprova di un rapporto stretto fra i tre. In una mail del 2016 Epstein scriveva a Thiel: "come probabilmente già sai io rappresento i Rothschild, i quali sono interessati a investire nel tech".

La partecipazione di Epstein a una iniziativa non di second'ordine come Carbyne non solo conferma la continuità delle sue connessioni con i servizi israeliani e probabilmente anche con quelli statunitensi, ma testimonia anche della copertura e dello spazio operativo che questi erano disposti a riconoscergli anche dopo la sua condanna.

Ma anche questo non fu sufficiente di fronte all'imperioso avanzare del politically correct.

8.2 Libertà e repressione

Nel 2009, mentre Epstein scontava la sua pena detentiva, un certo Scott Rothstein fu condannato dal Tribunale della Florida a 50 anni di carcere per un'enorme truffa basata su una sorta di schema Ponzi che aveva determinato un ammanco di centinaia di milioni per i suoi clienti. Rothstein era il fondatore di un importante studio legale con sede a Palm Beach e succursali nelle principali città degli Stati Uniti alle quali se ne aggiungeva stranamente una a Caracas. Egli cercò inizialmente di sfuggire alla giustizia rifugiandosi a Casablanca, in quanto riteneva che in Marocco fosse al sicuro dal pericolo di estradizione negli Stati Uniti e Israele. Come nel caso di Madoff, infatti, la maggior parte dei truffati appartenevano alla comunità ebraica, di cui peraltro anche lui faceva parte. Un errore gravissimo quest'ultimo, che lo indusse a rinunciare all'esilio e a preferire il carcere americano, patteggiando solo che la sua detenzione avvenisse sotto un nuovo nome e in un luogo tenuto segreto allo scopo di proteggersi da eventuali rappresaglie.

Uno dei soci dello studio era Brad Edward che riuscì in qualche modo a uscire indenne dallo scandalo del fondatore e che proprio nel 2009 intentò una causa civile nei confronti di Epstein per ottenere un risarcimento per conto delle sue vittime. La causa si chiuse con un patteggiamento di cui non si conoscono i contenuti, ma che sicuramente prevedeva un risarcimento in denaro alle vittime e una clausola di *non disclosure agreement*. Come lo stesso Edward dichiarerà più tardi, la formula del patteggiamento era quella da lui preferita, in quanto "consentiva un rapido ristoro per le sue clienti, senza attendere le lungaggini della giustizia". Ovviamente, di questo rapido ristoro beneficiava anche lui, trattenendone una percentuale oscillante fra il 30 e il 40 per cento.

Due anni dopo, Edward riuscì a convincere Virginia Roberts a farsi rappresentare da lui e intentò una nuova causa civile contro Epstein che si chiuse anch'essa con un patteggiamento. L'entrata in causa della Roberts aprì una prateria per il giovane e ambizioso avvocato, in quanto fu lei per prima a coinvolgere negli abusi subiti altri noti e importanti personaggi.

Con il passare degli anni passarono sotto il suo patrocinio oltre 50 donne che reclamavano di essere state abusate da Epstein e/o da suoi amici e chiedevano un risarcimento per quanto subito. Di fatto, Epstein passò i suoi ultimi anni di vita cercando di contrastare le cause civili intentategli da Edward e molti sostengono che se alla fine egli è stato assicurato alla giustizia lo si deve all'infaticabile azione del giovane avvocato che per almeno cinque anni si dedicò solo a scovare le vittime e a convincerle a farsi da lui patrocinare.

Quando però il business cominciò a diventare troppo grande, Edward non riuscì a impedirvi l'ingresso ad altri e più potenti studi legali. Fra questi spicca quello di David Boies, un brillante e spregiudicato avvocato che aveva costruito la sua fama per i patrocini in importanti casi giudiziari come la causa contro Microsoft per violazione delle norme antitrust e quella con cui fu invalidato un referendum, tenutosi con grande partecipazione in California nel 2008, con cui veniva abolito il matrimonio fra persone dello stesso sesso, introdotto pochi mesi premi dalla nota sentenza della Corte Suprema.

Verso la fine del 2018, tuttavia, la sua reputazione era in caduta libera essendo emerso, con grande risalto da parte della stampa, il suo coinvolgimento in iniziative non propriamente commendevoli, come quella della società farmaceutica Theranos che millantava di offrire prodotti per autodiagnosi veloci e la cui fondatrice Elizabeth Holmes – a suo tempo celebrata dai media – è stata recentemente condannata a molti anni di prigione per avere con questa iniziativa perpetrato una colossale truffa.

Quando poi nel 2017 esplose il caso di Harwey Weinstein e delle innumerevoli molestie sessuali che gli venivano attribuite, venne alla luce che Boies aveva intrattenuto una stretta e pluridecennale collaborazione con il produttore cinematografico, assistendolo contro le donne che nel corso degli anni lo avevano denunciato per le violenze subite e utilizzando a tal fine anche mezzi poco ortodossi come blandizie, minacce e ricatti. Il giornale New Yorker rivelò poi che nel 2016 Boies aveva ingaggiato l'agenzia di intelligence Black Cube, gestita da ex agenti del Mossad, per trovare scheletri negli armadi delle molteplici accusatrici di Weinstein e intimorirle.

A fronte di queste rivelazioni, Boies pensò bene che il modo migliore per ricostituire la propria reputazione fosse quella di trasformarsi in paladino delle donne vittime di violenza e fu così che decise di assistere alcune di esse, fra cui la stessa Virginia Roberts, intentando cause civili contro alcuni dei più famosi presunti complici di Epstein, come Dershowitz e il principe Andrea.

Quest'ultimo, dopo aver tentato un'inutile resistenza, accetterà nel 2022 di chiudere la causa versando alla Roberts 13 milioni di sterline. Appena una settimana prima del patteggiamento Boies e la Roberts avevano dichiarato che la causa era stata intentata non per soldi, ma per sostenere la lotta contro le violenze sui minori.

Dershovitz invece si rivelò un osso duro, querelò la Roberts e riuscì anche a scovare delle mail fra questa e Boies con cui i due si scambiavano opinioni su quali fossero i "complici" di Epstein da aggredire in ragione delle rispettive disponibilità economiche. Alle fine del 2022 i due addivennero a un patteggiamento con cui ritiravano le rispettive accuse senza versamenti di denaro. Nel 2025, dopo aver dilapidato il patrimonio accumulato, aver divorziato e aver perso l'affidamento dei figli, Virginia si è suicidata.

o O o

Può darsi che le numerose azioni legali abbiamo aiutato a richiamare l'attenzione dell'opinione pubblica su Epstein, ma certamente il fattore principale della progressiva insostenibilità della sua posizione è stata un'improvvisa accelerazione nel mutamento delle sensibilità sociali. Già l'ulteriore causa intentata nel 2015 da Edward aveva trovato un'eco ben maggiore nei media di quella del 2011. Nel corso di un dibattito su temi economici organizzato in quell'anno da Bloomberg, il moderatore chiese a Trump qualcosa in merito a Epstein e lui rispose: "chiedetelo al principe Andrea cosa accadeva in quella fogna di isola!". Sembra che a quelle parole il panel scoppiò in una risata e tutto finì lì, senza che la stampa desse risalto all'episodio.

Ma già nel 2017, quando scoppiò improvvisamente il fenomeno del *Me Too* sulla scia del caso di Harwey Weinstein, l'attenzione dei media sul tema delle molestie sessuali era diventato spasmodico. In realtà, si trattava della punta dell'iceberg di un fenomeno di ben più ampia portata che rifletteva l'emergere di una nuova sensibilità della società nei confronti della natura, degli animali, della propria alimentazione, dei rapporti interpersonali e delle regole d'ingaggio a fini sessuali.

A quanto pare, l'influenza congiunta della globalizzazione e di internet e le connesse modifiche nelle relazioni sociali hanno alimentato un'ulteriore fase del processo di secolarizzazione della nostra civiltà che sempre più va configurandosi come una progressiva emancipazione dal "disegno originario", basato sulla centralità della funzione riproduttiva e sul carattere sostanzialmente ancillare e strumentale delle altre attività umane. E' meritevole di riflessione la circostanza che, al contrario della precedente tappa di tale processo occorsa negli anni '70, quella attuale sembra introdurre un irrigidimento dei costumi, nell'ambito del quale va imponendosi un più severo controllo della sessualità.

La rapidità con cui si è diffuso questo nuovo sistema di valori è sorprendente, ma testimonia anche la forza del processo. Come sempre accaduto, i nuovi modelli valoriali e le connesse norme relazionali vengono percepiti come conquiste irreversibili e definitive di civiltà, ma, nella perenne dialettica fra libertà e repressione, essi sono accompagnati da uno stigma sociale, spesso associato all'introduzione di nuove sanzioni e fattispecie penali, nei confronti di coloro che non vi si attengono o si attardano a percepire come ancora valide quelle che erano generalmente condivise sino a pochi anni prima. Ma non finisce qui, perché con spirito talebano, già sperimentato in passato e tipico delle grandi ideologie nella loro fase nascente, viene riletta la storia con i nuovi occhiali e naturalmente niente e nessuno si salva: vengono messi all'indice i libri, abbattute le statue, rinominate le vie, cancellati i classici dai corsi universitari...

L'affermazione del nuovo sistema dei valori ha peraltro impattato solo indirettamente sulla posizione di Epstein. La condanna sociale e penale dei rapporti con minori non è certo cosa recente; ciò che è cambiato, invece, è l'intensità e la pervasività della disapprovazione sociale di tali comportamenti sessuali, con la conseguenza che non sono più praticabili spazi di impunità attraverso artifizi giuridici e procedurali riservati ai più ricchi.

Come osservò Peggy Siegal nel 2020, "le cose sono cambiate tantissimo negli ultimi cinque anni e quelli che ancora dieci anni fa erano considerati cattivi comportamenti sessuali sono oggi divenuti inconcepibili". Probabilmente, se fosse stato incriminato negli anni '90, Epstein sarebbe uscito indenne dal processo. Egli dovette invece muovere tutte le sue conoscenze per ottenere la vergognosa sentenza del 2008 che purtuttavia gli lasciò il marchio indelebile di *predatore sessuale*.

A partire dal 2015, la posizione di Epstein si aggravò progressivamente. Man mano che la sua vicenda entrava nel mirino dei media, la cerchia delle sue conoscenze si stringeva sempre di più e, a partire dal 2018, anche gli amici più prossimi, come Barak e Black, tagliarono i rapporti.

Ciò che sorprende è che Epstein, nonostante fosse consapevole del progressivo deterioramento della propria posizione, si comportava, almeno apparentemente, come se niente fosse accaduto, convinto probabilmente che la bufera sarebbe passata, dato che, come egli sosteneva, non aveva fatto niente di male. Non solo egli mantenne tutte le sue proprietà e i due aerei personali, ma nel 2016 acquistò anche la seconda isola, contigua alla prima, nelle Isole Vergini, dove costruì un misterioso tempio dipinto coi colori della bandiera di Israele.

Quando nel 2025 il Dipartimento di giustizia statunitense ha iniziato a pubblicare i cosiddetti *files* in suo possesso è emerso che egli ha mantenuto sino all'ultimo importanti contatti col mondo politico e accademico. Cinque mesi prima dell'arresto Epstein scambiava mail con il deputato rappresentante delle Isole Vergini Stacey Plaskett in occasione di un'audizione parlamentare dell'ex collaboratore di Trump poi caduto in disgrazia Michael Cohen, istruendola in diretta da remoto sulle domande da rivolgergli. Le domande suggerite e poi "eseguite" avevano il chiaro scopo di mettere in luce alcuni scheletri nell'armadio di Trump ("good job" messaggerà Epstein alla Plaskett al termine dell'audizione) e chissà se questi, al tempo al suo primo mandato, ne sia venuto a conoscenza, magari attivandosi poi per il suo arresto.

In generale, tuttavia, la pubblicazione dei *files* non ha portato alla luce contatti di Epstein che non fossero già noti, fatta salva qualche illustre eccezione come il noto e prestigioso ex ministro della cultura francese Jack Lang e i reali norvegesi. I *files*" tuttavia hanno rivelato che almeno una parte di questi contatti sono rimasti in essere sino ai suoi ultimi giorni di libertà. E' il caso di Larry Summer, già ministro del Tesoro sotto Clinton, poi presidente di Harward ed eminenza grigia dell'establishment americano, che, a testimonianza dell'intimità del rapporto, a poche settimane dall'arresto di Epstein scambiava con lui mail dal carattere goliardico chiedendogli, fra l'altro, consigli sul comportamento da tenere nei confronti di una signora inglese sposata che stava corteggiando. Nello stesso periodo Steve Bannon, già *chief strategist* di Trump, stava concertando con Epstein una campagna mediatica volta a contrastare la crescente attenzione pubblica sulle sue pregresse vicende sessuali.

Se ne deve dedurre che, nonostante tutto, egli continuava a coltivare i propri affari, magari con nuovi clienti. Forti indizi lasciano presumere che egli abbia mantenuto rapporti con le case reali dei paesi del Golfo, probabilmente anche col principe ereditario saudita Mohammed Bin Salman, che egli citava come suo amico e di cui possedeva un grande ritratto nella casa di

New York. Dai diari di bordo risulta che egli si recò col suo aereo a Riad varie volte, fra cui una nel novembre del 2015, proprio negli stessi giorni in cui Trump vinceva a sorpresa le elezioni presidenziali. Come lui stesso dichiarò a un amico, i suoi viaggi in quei paesi venivano tenuti segreti, dato che era ebreo, ma non c'è dubbio che le sue consulenze fossero apprezzate dai ricchi principi locali, i quali, anche per le loro differenze culturali, erano ben disposti a chiudere un occhio sulle sue vicende giudiziarie.

o O o

Nel giugno del 2019 la Deutsche Bank chiuse i rapporti con Epstein. Era un segnale forte che la situazione stava precipitando. Pochi giorni dopo egli si recò a Parigi dove si trattenne tre settimane. Non è dato sapere cosa abbia fatto in quel periodo, ma è pressoché certo che egli fosse ormai consapevole di avere il fiato sul collo e quindi sicuramente impiegò quelle tre settimane per cercare aiuto. Sarebbe interessante sapere da chi, e perché mai a Parigi. D'altronde occorre chiedersi anche perché abbia mantenuto per oltre venti anni un appartamento lussuoso nella capitale francese. Viene da pensare a un territorio neutro per incontri riservati.

Quello che invece Epstein non sapeva è che fosse sotto controllo della polizia francese la quale dovrebbe quindi avere avuto piena contezza dei suoi incontri. Non è un caso che le autorità statunitensi siano state avvertite per tempo della sua ripartenza il 5 luglio con destinazione l'aeroporto di Teterboro.

9. IL MONDO DOPO EPSTEIN
Il declino del neoliberismo?

> D. *"Non ritiene, signor Epstein, che la sua vicenda assomigli a quella di Icaro che per volare troppo vicino al sole si bruciò le ali?*
> R. *" Icaro praticava massaggi quotidiani?"*
> (Jeffrey Epstein – 2018)

Epstein capì ben presto che non sarebbe uscito vivo dal carcere di New York in cui era stato rinchiuso subito dopo essere atterrato all'aeroporto di Teterboro. Forse per la prima volta prese atto che le sue deviazioni sessuali che non era stato in grado di controllare erano inaccettabili e criminali agli occhi dell'opinione pubblica e determinavano un'unanime condanna sociale. Tutti coloro che avevano avuto un contatto più o meno stretto con lui si affrettavano a prenderne le distanze. Improvvisamente, lui che si era accompagnato ai potenti della terra, si ritrovava abbandonato da tutti e rinchiuso in una lurida cella.

La sua situazione era aggravata dal fatto che le leggi del carcere nei confronti di chi si è macchiato di reati contro minori sono notoriamente ancor più severe di quelle che vigono al di fuori ed Epstein dovette versare molti soldi sui conti dei detenuti della sua sezione penitenziaria per garantirsi l'incolumità. Ciononostante, il 23 luglio egli fu trovato semincosciente nella propria cella con segni di forte abrasione sul collo. Il suo unico compagno di cella affermò di non essersi accorto di nulla. Questi si chiamava Nicholas Tartaglione ed era un ex agente di polizia, condannato per quattro omicidi commessi nell'ambito di una transazione di droga.

Epstein riferirà più tardi di essere stato aggredito da Tartaglione, ma dopo una rapida inchiesta questi fu scagionato. Resta il mistero tuttavia di come Epstein possa aver tentato il suicidio in quella angusta cella senza un coinvolgimento attivo o passivo di Tartaglione. Gli interrogatori a cui questi è stato poi sottoposto non sono stati resi noti.

Dopo quell'episodio Epstein fu sottoposto a un regime di stretta sorveglianza previsto per i detenuti in pericolo di suicidio, ma stranamente il 29 luglio fu nuovamente traferito nella precedente sezione. Era comunque previsto che i secondini effettuassero una visita di controllo ogni 30 minuti.

Solo nel 2021 si apprenderà che gli era stato assegnato un nuovo compagno di cella, un certo Efrain Reyes, anch'egli arrestato per vicende di droga, il quale morirà pochi mesi dopo per il Covid contratto in carcere.

L'8 agosto Epstein decise di fare testamento conferendo tutti i suoi beni ad un trust appositamente costituito (denominato "Trust 1953", con un chiaro riferimento alla sua data di nascita) di cui resta ignoto il beneficiario, probabilmente il fratello Mark, considerato che non era sposato e non aveva figli. Gestori fiduciari (*trustee*) del trust furono nominati l'avvocato Darren Indyke e il contabile Richard Kahn, da sempre due fidati e strettissimi collaboratori di Epstein.

Stranamente fu nominato anche un terzo trustee nella persona di Boris Nikolic, un fisico e imprenditore nel settore delle biotecnologie, che aveva stretto un rapporto di amicizia con Epstein nei primi anni 2000. Fu lui a presentarlo nel 2011 a Bill Gates di cui era al tempo il *chief scientific adviser*. Nikolic si dichiarò sorpreso che Epstein avesse fatto il suo nome e rifiutò di accettare l'incarico di trustee.

Con la costituzione del trust Epstein intendeva chiaramente mettere al riparo i suoi beni dalle richieste di risarcimento avanzate dalle sue vittime. Tuttavia, in questo caso l'istituto del trust, che costituisce uno schermo insuperabile per il fisco, non resse alla pressione dell'opinione pubblica. Nel novembre del 2020 fu approvata dalle autorità delle Isole Vergini la costituzione di un *compensation fund,* gestito dall'intraprendente avvocato Jordana Feldman, con il quale le vittime di Epstein hanno la possibilità di ottenere una valutazione informale ed extragiudiziale delle proprie richieste risarcitorie ed essere quindi liquidate a valere sui beni del trust. L'ammontare della liquidazione viene decisa direttamente dalla Feldman, non è chiaro sulla base di quali criteri e quali commissioni riservi a sé stessa. Alla fine del 2021 oltre 150 donne si erano iscritte al programma e alla stessa data già 140 milioni erano stati liquidati. Secondo una stima della Feldman, i risarcimenti dovrebbero ammontare alla fine a oltre 300 milioni.

Il 9 agosto, il giorno successivo alla costituzione del trust, il suo compagno di cella venne trasferito senza essere sostituito. Sono sconosciuti i motivi del trasferimento, ma soprattutto è sorprendente che, contro il parere degli psicologi del carcere, fosse lasciato solo un detenuto che pochi giorni prima aveva tentato il suicidio, secondo la versione ufficiale.

La sera del 9 agosto Epstein chiese di fare quella che si rivelerà la sua ultima telefonata la quale, "per motivi tecnici", non fu registrata. Ai secondini disse che intendeva chiamare sua madre, cosa implausibile, essendo questa morta nel 2014. Solo due anni dopo, quando verranno desecretati una serie di documenti, si apprenderà che all'altro capo del filo c'era in realtà una certa Karina Shuliak, una giovane bielorussa che si scoprirà essere stata l'ultima e poco nota fidanzata di Epstein.

In realtà, sembra che i due si frequentassero da tempo e che Epsein l'abbia aiutata a conseguire la laurea in odontoiatria e poi ad avviare il suo studio dentistico. Nel 2013 la Shuliak si era sposata con Jennifer Kalin, un'altra delle ragazze che orbitavano intorno ad Epstein e che poi si trasformerà in una delle sue accusatrici. Il matrimonio era chiaramente combinato allo scopo di far ottenere la cittadinanza statunitense alla Shuliak e si concluderà con la domanda di divorzio avanzata dalla Kalin in concomitanza con l'arresto di Epstein.

o O o

Alla 6,30 del giorno successivo, il 10 agosto, Epstein fu trovato morto, apparentemente impiccatosi con un lenzuolo. Accanto al suo corpo fu trovato un foglietto giallo con su scritto:

> *(le guardie) mi hanno chiuso nel box della doccia per un'ora*
>
> *(le guardie) mi hanno dato cibo bruciato*
>
> *Enormi scarafaggi strisciano sulle mia mani*
>
> *No fun!*

Nelle sei ore precedenti alla morte Epstein non era stato controllato, come previsto, dai secondini, i quali un po' avevano dormito e un po' avevano passato il tempo a fare shopping su internet. Inoltre, la videocamera nella sua cella non era funzionante, così come quella del corridoio adiacente.

L'autopsia a cui fu successivamente sottoposto, condotta da Kristin Roman e a cui partecipò come perito di parte il noto patologo Michael Baden, accertò fra l'altro le fratture dell'osso ioide e del pomo d'Adamo che si verificano solo in rari casi di suicidio e che potevano risultare compatibili con uno strangolamento. Per questo motivo Roman dichiarò di aver bisogno di più tempo per determinare le cause della morte ed emise un certificato provvisorio che le indicava come "indeterminate".

L'esito non risolutivo dell'autopsia scatenò le teorie cospiratorie più fantasiose: Epstein era stato ucciso dal Mossad, dai Clinton, da Trump, oppure la sua morte era stata una messinscena ed era ancora vivo. Sottoposto a immense pressioni, il capo dell'Ufficio di medicina legale di New York, Barbara Sampson, dichiarò che "dopo un'attenta analisi di quanto emerso dall'autopsia" la morte di Epstein era da attribuirsi a suicidio. Questo non fermò ovviamente le polemiche, per cercare di placare le quali intervenne il Ministro della Giustizia statunitense William Barr – il figlio del rettore che assunse Epstein alla Dalton School - il quale istituì una commissione d'inchiesta che chiuse i suoi lavori confermando la tesi del suicidio.

Barr dichiarò di aver visionato personalmente i video delle telecamere esterne alla sezione in cui era rinchiuso Epstein, confermando che nessuno era entrato quella notte. Per uno strano caso del destino però questi filmati sono andati poi persi per "disguidi tecnici". Barr assicurò poi che sarebbe stata condotta un'indagine severa e tutti i responsabili dell'accaduto sarebbero stati puniti. Le cose non andranno così.

Il processo ai due secondini, che avrebbe consentito di rendere pubblici alcuni dettagli su quanto effettivamente accadde quella notte, si chiuse prima ancora di cominciare con un incredibile patteggiamento. I due riconobbero di aver falsificato il registro delle visite ai detenuti e fu loro comminata una sospensione dal servizio di sei mesi e 100 ore di servizi sociali. In cambio di questa risibile pena essi accettarono di essere interrogati dal Dipartimento di Giustizia rinunciando a invocare il quinto emendamento per rifiutarsi di rispondere. Ad anni di distanza dal patteggiamento non è stato reso noto se questo interrogatorio abbia avuto luogo e, nel caso, quale esito abbia avuto.

Nel complesso, il comportamento delle autorità è sembrato quasi preordinato ad alimentare dubbi e perplessità. Perché l'esito delle indagini è stato sinora tenuto segreto? Cosa è emerso dagli interrogatori della dozzina di altri detenuti che condividevano la sezione in cui era rinchiuso Epstein? Perché il suo compagno di cella è stato trasferito? Perché non è stato sostituito? Il box dei secondini era distante tre metri dalla cella di Epstein. Possibile che in sei ore non abbiano trovato la forza di fare tre passi per controllarlo? Possibile che non abbiano sentito nulla? Sono stati controllati i conti correnti riferibili a tutti i soggetti coinvolti?

Le circostanze che hanno condotto alla morte di Epstein sono probabilmente destinate a rimanere misteriose. Forse le cose sono andate come pretende la versione ufficiale: Epstein sapeva che i secondini non effettuavano controlli di notte e ha "approfittato" del trasferimento del suo compagno di cella. Forse ha pagato e corrotto qualcuno perché queste circostanze si verificassero. Forse è stato vittima di una "giustizia carceraria" con la connivenza passiva dei secondini. E, infine, vi è l'ipotesi più inquietante ma meno verosimile che qualcuno fra i tanti che avevano interesse a che non rivelasse i tanti segreti di cui era a conoscenza ne abbia organizzato l'assassinio dall'esterno.

o O o

La parabola di Epstein si è dispiegata lungo cinquanta anni che hanno visto l'affermazione di un nuovo ordine economico e politico in cui la finanza e i mercati hanno assunto un ruolo centrale a scapito degli Stati e che ha dato luogo a un enorme redistribuzione della ricchezza fra paesi e all'interno dei paesi.

Epstein ha ben rappresentato quest'epoca, essendone stato, nel bene e nel male, un protagonista di primo piano, pienamente organico alla nuova classe dirigente americana, sostanzialmente corrotta e spregiudicata, che si era andata affermando lungo quel cinquantennio, al cui interno spicca un'enorme sovra rappresentazione della comunità ebraica

Alla sua morte questo modello di sviluppo aveva già da tempo esaurito la sua fase espansiva e sopravviveva per inerzia alla sua sempre più evidente insostenibilità. Nonostante i chiari segnali che la crisi del 2008 aveva già fornito, è stato necessario il senso di pericolo e di emergenza causato dalla Grande Pandemia, simbolicamente scoppiata pochi mesi dopo la scomparsa di Epstein, per mettere in discussione i precetti, per lungo tempo considerati inderogabili, su cui tale modello si fondava. In meno di un anno sono caduti a pioggia su *main street* seimila miliardi e allo stesso tempo, oltreoceano, la UE si è improvvisamente convertita alla possibilità di finanziare specifici progetti (come il Next Generation EU) indebitandosi sul mercato e condividendo i relativi rischi.

Nel passato, flagelli come le pandemie venivano vissuti come una punizione divina per i peccati commessi. Narra la Bibbia che Dio inviò l'Angelo Sterminatore a diffondere la pestilenza in Gerusalemme per punirla dell'atto di superbia e arroganza (il censimento di tutti gli israeliti, il "Suo" popolo) compiuto dal re Davide.

Noi moderni, contaminati dall'illuminismo, abbiamo vissuto invece lo shock pandemico e la conseguente cesura nella linearità degli avvenimenti come un'occasione per una pausa cognitiva e un momento di resipiscenza che ci consente di mettere meglio a fuoco i cambiamenti intervenuti nel passato recente e di valutare quanto l'ordine preesistente sia ancora adeguato a governarli.

In entrambi i casi, la conclusione è la stessa: le cose non andavano bene nel mondo e forse è ora di cambiare.

BIBLIOGRAFIA

James Patterson, Sporco ricco, Chiarelettere, 2020

Dylan Howard, Dead men tell no tales, Skyhorse publishing, 2019

Alana Goodman and Daniel Halper, A convenient death, Sentinel, 2020

Julie K. Brown, Perversion of justice, Harper Collins, 2021

Raghuram G. Rajan, Fault lines, Princeton University, 2010

Carmen M. Reinhart and Kenneth S. Rogoff, This time is different, Princeton University, 2009

Robert J. Gordon, The rise and fall of American growth, Princeton University, 2016

Nicholas Shaxson, The finance curse, Bodley head, 2018

Atif Mian e Amir Sufi, House of debt, University of Chicago, 2014

Adair Turner, Between debt and the devil, Princeton University, 2016

Walter Scheidel, The great leveler, Princeton University, 2017

Rana Foroohar, Makers and Takers, Crown business, 2016

Charles P. Kindleberger, Manias, panics and crashes, Wiley, 2005

Richard Baldwin, The great convergence, Belknap Harvard, 2016

Robert Kuttner, Can democracy survive global capitalism?, Norton, 2018

Katharina Pistor, The code of capital, Princeton University, 2019

Pankaj Mishra, Le illusioni dell'occidente, Mondadori, 2020

Michael J. Howell, Capital wars, Palgrave macmillian, 2020

Alessandro Aresu, Le potenze del capitalismo politico, Stati Uniti e Cina, La Nave di Teseo, 2020

Adam Tooze, Lo schianto, Mondadori, 2018

Joseph Stiglitz, Globalization and its discontents, Penguin Books, 2009

SITOGRAFIA

Capitolo 1

https://www.foxbusiness.com/features/heres-everything-jeffrey-epstein-owned-with-his-577m-fortune

https://it.businessinsider.com/ecco-orgy-island-le-2-isole-caraibiche-private-di-jeffrey-epstein-al-centro-di-uno-scandalo-di-molestie-sessuali/

https://www.nytimes.com/2019/08/12/business/jeffrey-epstein-interview.html?searchResultPosition=7

https://www.nytimes.com/2019/07/10/business/jeffrey-epstein-net-worth.html?searchResultPosition=6

Capitolo 2

https://www.nytimes.com/2019/07/12/nyregion/jeffrey-epstein-dalton-teacher.html

https://www.vanityfair.com/news/2019/10/the-untold-tale-of-young-william-barr

https://biography.jrank.org/pages/666/Barr-Donald-1921-2004.html

https://www.nytimes.com/1974/02/20/archives/barr-quits-dalton-school-post-charging-trustees-interference.html

https://en.wikipedia.org/wiki/Space_Relations

https://nypost.com/2021/02/11/sex-abuse-suit-against-ex-nyc-school-headmaster-returns-to-court/

Capitolo 3

https://nymag.com/nymetro/news/people/n_7912/

https://www.irishtimes.com/business/swiss-banker-at-centre-of-insider-trading-scandal-1.244345

https://www.ilpost.it/2016/04/04/panama-papers/

https://www.theguardian.com/news/series/panama-papers

https://www.money.it/Paradise-Paper-cosa-sono-chi-e-coinvolto-George-Soros

https://www.theguardian.com/news/series/paradise-papers

https://dealbook.nytimes.com/2007/07/11/more-bad-news-for-jeff-epstein/

https://www.nytimes.com/2008/03/24/business/24deal-web.html

https://www.icij.org/investigations/paradise-papers/jeffrey-epsteins-offshore-fortune-traced-to-paradise-papers/

https://web.archive.org/web/20080919002944/https://money.cnn.com/2008/03/28/magazines/fortune/boyd_bear.fortune/

https://www.ft.com/content/d42c01d2-2d8d-11dd-b92a-000077b07658

Capitolo 4

https://www.annualreviews.org/doi/10.1146/annurev-soc-090220-025543

https://storageunit.home.blog/2019/12/18/former-spy-details-israels-main-motive-behind-epsteins-sexual-blackmail-operation/

https://www.wsj.com/articles/SB894240270899870000

https://www.mintpressnews.com/shocking-origins-jeffrey-epstein-blackmail-roy-cohn/260621/

https://www.mintpressnews.com/mega-group-maxwells-mossad-spy-story-jeffrey-epstein-scandal/261172/#

https://consortiumnews.com/2020/06/18/epstein-case-documentaries-wont-touch-tales-of-intel-ties/

https://www.washingtonpost.com/archive/politics/1987/01/20/ex-cia-airline-tied-to-cocaine/d7e5a04f-462f-479f-bf45-11502e772082/

https://www.cbsnews.com/news/jeffrey-epstein-worked-at-towers-financial-with-stephen-hoffenberg-who-committed-ponzi-scheme-crimes/

https://www.inquirer.com/business/jeffrey-epstein-hoffenberg-trump-clinton-20190711.html

https://www.nytimes.com/1994/01/31/business/the-media-business-towers-accused-by-trustee-of-misusing-400-million.html

https://www.wcbi.com/jeffrey-epstein-once-worked-at-firm-behind-massive-ponzi-scheme/

https://www.nytimes.com/interactive/projects/madoff/page/166

https://wallstreetonparade.com/2014/01/jpmorgan-and-madoff-were-facilitating-nesting-dolls-style-frauds-within-frauds/

https://www.ft.com/content/055bf6d2-70fb-4ed0-b97a-36f412e1aff7

https://www.trunews.com/stream/who-is-sir-douglas-leese

https://graphcommons.com/nodes/28f52a2b-3524-77bd-a1ff-171235f02ce5

Capitolo 5

https://www.nytimes.com/2019/07/25/business/jeffrey-epstein-wexner-victorias-secret.html

https://www.italiastarmagazine.it/moda/la-caduta-degli-angeli-victorias-secret-in-crisi-4260

http://wilsonweb.physics.harvard.edu/HUMANRIGHTS/PALESTINE/luntzwexneranalysis.pdf

https://www.nytimes.com/1996/01/11/garden/home-sweet-elsewhere.html?module=inline

https://ricerca.repubblica.it/repubblica/archivio/repubblica/1989/04/28/israele-messa-all-asta.html

https://edition.cnn.com/2020/08/11/us/les-wexner-epstein-deposition/index.html

https://news.bloomberglaw.com/esg/wexner-l-brands-board-sued-for-epstien-ties-harassment-culture

https://www.yourtango.com/2019326809/who-abigail-koppel-wexner-new-details-billionaire-les-wexners-wife-amid-jeffrey-epstein-scandal

https://littlesis.org/org/355954-The_C.O.U.Q._Foundation,_Inc.

https://opencorporates.com/companies/us_fl/F08000003048

htpps://opencorporates.com/corporate_groupings/Jeffrey+Epstein:

https://www.cnbc.com/2019/07/11/epstein-donated-46-million-to-les-wexners-private-foundation-in-2008.html

https://www.usnews.com/news/best-states/ohio/articles/2020-02-27/review-epsteins-dealings-at-wexner-foundation-minimal

https://www.nytimes.com/2019/08/07/business/wexner-epstein.html

https://www.nytimes.com/2021/06/16/business/victorias-secret-collective-megan- rapinoe

https://www.pbs.org/wgbh/pages/frontline/shows/nazis/readings/sinister.html

https://www.mondoadr.it/a-lezione-dal-negoziatore-dellanno/

https://web.archive.org/web/20160303175658/http://www.afioaz.org/UpComingMeetings/tabid/55/ModuleID/412/ItemID/10/mctl/EventDetails/Default.aspx?selecteddate=6%2F18%2F2008

https://www.nytimes.com/2019/07/13/nyregion/jeffrey-epstein-new-york-elite.html

https://www.thedailybeast.com/jeffrey-epstein-scandal-butler-for-glenn-and-eva-dubin-says-swedish-teen-told-him-she-was-pressured-for-sex

https://www.vanityfair.com/news/2019/07/how-jeffrey-epstein-worked-wall-street

https://www.irishtimes.com/life-and-style/people/ghislaine-maxwell-jeffrey-epstein-s-lady-of-the-house-and-madam-1.3963743

https://www.vicourts.org/common/pages/DisplayFile.aspx?itemId=16834915

https://www.nytimes.com/2020/03/18/business/jeffrey-epstein-ghislaine-maxwell-lawsuit.html

https://www.politico.com/story/2019/07/21/jeffrey-epstein-trump-clinton-1424120

https://www.nytimes.com/2019/08/14/style/ghislaine-maxwell-terramar-boats-jeffrey-epstein.html

https://frankreport.com/2020/07/14/ghislaine-maxwell-and-clare-bronfman-a-tale-of-two-heiresses-and-the-men-who-dominated-their-lives/

https://www.theguardian.com/us-news/2022/jan/03/jeffrey-epstein-prince-andrew-virginia-giuffre

Capitolo 6

https://www.ilpost.it/2011/01/22/la-storia-di-bill-clinton-e-monica-lewinsky/

https://www.vanityfair.com/news/2020/12/confessions-of-a-clintonworld-exile

https://www.adnkronos.com/clinton-per-riforma-giustizia-basta-con-arresti-di-massa-degli-afroamericani

https://www.nytimes.com/2001/01/24/opinion/an-indefensible-pardon.html

https://www.nytimes.com/2001/02/18/opinion/my-reasons-for-the-pardons.html

https://www.vanityfair.com/news/2003/03/jeffrey-epstein-200303

https://nypost.com/2020/12/06/accused-ghislaine-maxwell-lieutenant-sarah-kellen-says-she-is-victim/

https://metro.co.uk/2020/06/05/jeffrey-epstein-assistants-sarah-kellen-nadia-marcinkova-ghislaine-maxwell-12802148/

https://nymag.com/nymetro/news/people/n_7912/

https://gawker.com/here-is-pedophile-billionaire-jeffrey-epsteins-little-b-1681383992

https://www.documentcloud.org/documents/1508273-jeffrey-epsteins-little-black-book-redacted

https://www.vanityfair.com/news/2019/07/jeffrey-epsteins-financial-black-book

https://www.dailymail.co.uk/news/article-7276817/Donald-Trump-outed-Jeffrey-Epstein-cops-stealing-125M-mansion-him.html

https://nymag.com/intelligencer/2019/07/jeffrey-epstein-high-society-contacts.html

Capitolo 7

https://eu.palmbeachpost.com/story/news/2020/12/12/jeffrey-epstein-case-pbc-state-attorney-worked-undercut-federal-probe/3881397001/

https://eu.usatoday.com/story/news/2019/11/20/jeffrey-epstein-saga-couldve-been-ended-attorney-barry-krischer/4237757002/

https://it.insideover.com/politica/il-lupo-cattivo-e-quei-destini-incrociati-con-epstein.html

https://abcnews.go.com/US/us-attorney-alex-acosta-showed-poor-judgment-giving/story?id=74178029

https://www.washingtonpost.com/national-security/jeffrey-epstein-alex-acosta-florida-plea-deal/2020/11/12/c960d078-243a-11eb-8672-c281c7a2c96e_story.html

https://www.bloomberg.com/opinion/articles/2020-05-20/the-financial-system-should-be-stronger-than-covid-19

https://www.ft.com/content/5b1a1c63-5920-4876-829f-e3f1552a3903

https://www.ft.com/content/a7cb24ec-cae9-11e8-9fe5-24ad351828ab

https://www.ft.com/content/e9ba5f23-9777-4730-a59b-d0c4d1fb510c

https://www.ft.com/content/6fce9808-84ab-11ea-b555-37a289098206

https://www.ft.com/content/a9ff463b-01d7-4892-82dc-2dbb74941a16

https://www.ft.com/content/443572f6-6c16-11e9-80c7-60ee53e6681d

https://www.ft.com.content/f7cc8d7-70b9-40c3-b4a0-815ebc5d99d5

https://www.ft.com/content/c8b72fa5-f15c-42b5-9613-fd9f14f012f3

https://mattstoller.substack.com/p/is-private-equity-having-its-minsky

https://www.bloomberg.com/news/features/2020-01-16/nobody-makes-money-like-apollo-s-ruthless-founder-leon-black

https://www.ft.com/content/803cff77-42f7-4859-aff1-afa5c149023c

https://www.ft.com/content/832107f4-e6d3-4dc4-adfa-c9c7338be7e3

https://www.ft.com/content/e85b2907-9b6b-43fd-85e6-81667e8ce1be

https://www.ft.com/content/23448802-3ee8-4c3c-bb46-fc02e304f3ed

https://www.ft.com/content/6826ed57-6051-4ac0-bec4-f50fae04ca3c

https://nypost.com/2021/02/18/ex-sec-chair-joins-apollo-board-amid-jeffrey-epstein-reckoning/

Capitolo 8

https://nypost.com/2019/10/03/jeffrey-epstein-easily-made-200m-after-legal-financial-woes-report/

https://nymag.com/nymetro/news/people/n_7912/

https://en.wikipedia.org/wiki/Joi_Ito#Ties_to_Jeffrey_Epstein

https://www.cbsnews.com/news/harvard-scientist-george-church-talks-about-accepting-donations-from-jeffrey-epstein-60-minutes-2019-12-08/

https://www.technologyreview.com/2019/12/11/131611/actual-facts-about-george-church-dna-dating-company-digid8/

https://www.thecrimson.com/article/2018/12/3/epstein-harvard-ties/

https://www.theguardian.com/commentisfree/2019/sep/07/jeffrey-epstein-mit-funding-tech-intellectual

https://www.edge.org/conversation/lawrence_m_krauss-the-energy-of-empty-space-that-isnt-zero

https://www.nytimes.com/2019/10/03/business/jeffrey-epstein-southern-trust

https://www.nytimes.com/2019/11/26/business/jeffrey-epstein-charity.html

https://www.calcalistech.com/ctech/articles/0,7340,L-3766639,00.html

https://www.timesofisrael.com/jeffrey-epstein-was-ehud-baraks-business-partner-as-late-as-2015-report/

https://www.jpost.com/israel-news/jeffrey-epstein-bankrolled-ehud-baraks-high-tech-investment-report-claims-595492

https://www.trtworld.com/magazine/two-american-billionaires-and-their-shady-deals-with-israeli-intelligence-28819

https://graphcommons.com/nodes/c51b1101-35d6-2ede-f983-2b5e14a75cd6

https://www.calcalistech.com/ctech/articles/0,7340,L-3766639,00.html

https://www.townandcountrymag.com/society/money-and-power/a29643007/peggy-siegal-jeffrey-epstein-connection/

https://www.nytimes.com/2019/07/13/nyregion/jeffrey-epstein-new-york-elite.html

https://pagesix.com/2010/08/24/michael-douglas-case-against-ex-wife-will-go-on-despite-cancer/

https://www.nytimes.com/2018/09/21/business/david-boies-pleads-not-guilty.html

https://www.repubblica.it/esteri/2017/11/07/news/weinstein_e_gli_agenti_del_mossad_la_rete_di_spie_per_rintracciare_le_donne_molestate-180457317/?ref=RHPPLF-BH-I0-C8-P3-S2.4-T1

https://www.gatestoneinstitute.org/18009/dershowitz-temple-emanu-el

Capitolo 9

https://www.miamiherald.com/news/local/crime/article249048485.html

https://www.miamiherald.com/news/local/crime/article248960184.html

https://www.epsteinvcp.com/

https://www.nytimes.com/2019/10/12/business/jeffrey-epstein-bill-gates.html

https://www.miamiherald.com/news/local/crime/article251666428.html

https://www.wsj.com/articles/jeffrey-epsteins-little-known-lawyer-lands-in-spotlight-11567071001i

https://nypost.com/2021/02/04/epstein-victim-compensation-fund-puts-payout-offers-on-hold/

https://nypost.com/2020/06/25/jeffrey-epstein-accusers-can-now-apply-for-victims-compensation-fund/

https://www.nytimes.com/2021/11/23/nyregion/jeffrey-epstein-suicide-death.html

https://www.dailymail.co.uk/news/article-8069987/This-girlfriend-Jeffrey-Epstein-called-prison-just-hanged-himself.html

www.ingramcontent.com/pod-product-compliance
Lightning Source LLC
Chambersburg PA
CBHW070637220526
45466CB00001B/202